中国語Ⅰ('14)

―北京のふたり―

木村英樹・宮本　徹

中国語Ⅰ('14)
©2014　木村英樹・宮本　徹

装丁・ブックデザイン：畑中　猛

s-49

まえがき

　中国語はれっきとした外国語であるなどと改めて言うと，みなさん何をいまさらと思われるでしょうが，中国語を英語やドイツ語などといった欧米諸国の言語と並び立つものと見なすことは，日本ではそれほど昔から行われてきたわけではありません。これには日本近代の，あるいはそれ以前からの歴史と深い関わりがあります。日本人が古典中国語だけではなく，現にいまそこに生きている人びとの言語に関心を抱き，それを自らの言語，あるいは他の外国語と対等なものとして取り扱うまでには，長い時間を要しました。それは学問的に正しい方向であったわけですが，その基盤にあったのが相手とその文化に対する敬意と尊重であったことを私たちは忘れてはなりません。

　さて，「中国語Ⅰ」「中国語Ⅱ」はこれから中国語を学ぼうという皆さんに対応する授業で，内容はいわゆる初級中国語です。その意味ではこれらの科目はこれまでの「中国語入門Ⅰ」「中国語入門Ⅱ」を引き継ぐものですが，若干異なる点もあります。従来は「入門Ⅱ」の後に中級の授業が設定されていましたが，カリキュラムの変更から，現在は中級の科目が開設されていません。そこで「中国語Ⅱ」の最後の部分に，中級の内容を少し先取るかたちでまとまった文章の読解を組み込み，全体の内容を調整しました。科目名を「中国語入門Ⅰ・Ⅱ」から「中国語Ⅰ・Ⅱ」に改めたのには以上のような理由があります。

　放送授業は毎回45分間ですが，その中でテキストの内容すべてを理解するのはかなりたいへんな作業です。授業にはどうか十分な予習をして臨んでください。

その際，注意していただきたいことが二つあります。

　一つは付属のCDを活用するということです。そもそも言語は音声と意味が結びついたところに存在します。日本人は中国人と漢字を共有してきたことから，歴史的にも"書かれた中国語"の理解に重きを置いてきました。これには功罪両面があるでしょうが，現在の我々もその"伝統"を引き継ぎ，ややもすれば漢字の文字面を追うことで中国語を理解しようとする傾向がないとは言えません。しかしながら，目と耳によるバランスの取れた学習を心がけることは，"外国語"を学ぶ上で不可欠な態度であろうと思います。

　もう一つは辞書を引く習慣をつけるということです。このテキストはある意味とても"親切"な作りとなっており，特段辞書を用意せずとも，少なくともスキットの内容は理解できるようになっています。しかしながら，テキストの「語釈」欄に掲げられたそれぞれの語の意味は，スキットを理解するのにもっとも適当なもの一つだけです。つまりこれは，それぞれの語について本来複数ありうる多様な語義の中から，その場に最適な一つをあらかじめ選択してあるということです。実はこのことは語学学習の重要な部分をショートカットしていることを意味します。したがって，理想的には初出の単語にぶつかった際，「語釈」の意味を参考にしながらも，やはりそれを一々辞書で確認する作業を行うのが望ましいでしょう。これが「中国語Ⅱ」を学び終えたあとひとり立ち——辞書を引きながら，自分の力で中国語を読解していくこと——の重要なステップとなります。限られた時間の中ではいかにもたいへんな作業ですが，できる範囲で取り組んでみてください。

　この科目が皆さんの中国理解の一助になることを祈念して。

2014年3月
木村英樹・宮本　徹

目次

まえがき　　木村英樹・宮本　徹　　3

第 1 課　北京欢迎你！　　12

　1.1　"普通话（pǔtōnghuà）"　　15
　1.2　ピンインと声調記号　　15
　1.3　簡体字　　15
　1.4　声調（tone）　　15
　1.5　第3声の変調　　16
　1.6　単母音　　16
　1.7　人称代名詞　　17
　1.8　動詞述語文　　18
　1.9　疑問文(1) ── "吗"を用いる当否疑問文　　18
　　　姓名の尋ね方，名乗り方　　19

第一单元　古老北京的风景　GǓLǍO BĚIJĪNG DE FĒNGJǏNG

第 2 課　参观首都博物馆　　22

　2.1　二重母音　　25
　2.2　軽声の発音　　25
　2.3　語気助詞"啊 a" ── 増幅機能を果たす"啊"　　26
　2.4　形容詞述語文　　27
　2.5　指示詞(1) ── 場所を指し示す指示詞"这儿"
　　　"那儿""哪儿"　　27
　2.6　"的"を用いる名詞句(1) ──「名詞／代名詞＋
　　　"的"＋名詞」　　28
　2.7　副詞"很"　　28
　2.8　語気助詞"吧"(1) ── 推量・確認を表す"吧"　　29

2.9 否定の副詞"不"　29
　　文法ミニ・レクチャー　その1
　　　「形容詞述語文の意味と構造」　31

第3課　四合院儿　34

3.1 三重母音　37
3.2 子音(1)　37
　　● 有気音と無気音 ●　38
3.3 指示詞(2) —— 人や事物を指す指示詞"这""那""哪"　39
3.4 "是"を用いる動詞述語文　39
3.5 名詞連接による名詞句(1) ——「種類／属性＋人／事物」　40
3.6 所在動詞"在"　40
3.7 代名詞からなる名詞句 ——「代名詞＋親族名称／所属先」　41
3.8 名詞連接による名詞句(2) ——「人／事物＋空間」　42
3.9 副詞"也"　42

第4課　去前门　44

4.1 子音(2)　48
4.2 疑問文(2) —— 疑問詞疑問文　48
4.3 語気助詞"吧"(2) —— 勧誘・提案を表す"吧"　49
4.4 数量詞からなる名詞句　50
4.5 "的"を用いる名詞句(2) ——「形容詞＋"的"＋名詞」　51
4.6 能願動詞"想"　51
4.7 疑問詞"怎么"(1)　52
4.8 語気助詞"呢"(1) —— 疑念の提示　52
4.9 疑問数詞"几"　53
　　❣数の表現　54

第 5 課　逛大栅栏　　58

- 5.1　鼻音を伴う母音　62
- 5.2　指示詞からなる名詞句 ──「指示詞＋数詞＋量詞＋名詞」　64
- 5.3　方位詞　65
- 5.4　存在を表す動詞"有"　66
- 5.5　語気助詞"呢"(2) ── 現状確認　67
- 5.6　能願動詞"可以"　67
- 5.7　"的"を用いる名詞句(3) ──「動詞＋"的"＋名詞」　68
- 5.8　疑問文(3) ──"呢"を用いる省略疑問文　69
- 5.9　数詞「2」　69
  - ❣主な方位詞　71
  - ❣曜日の表現　71
  - ❣時刻の表現　72
  - 文法ノート1「名詞句の構造」　73
  - ● 発音のまとめ ●　75

第二単元　現代北京的诱惑　XIÀNDÀI BĚIJĪNG DE YÒUHUÒ

第 6 課　一卡通　　78

- 6.1　能願動詞"会"(1)　82
- 6.2　譲歩的認定を表す"〜是〜"　82
- 6.3　疑問詞"多少"　83
- 6.4　程度強調の"了"　83
- 6.5　指示詞(3) ── 程度・方式を指す指示詞"这么""那么"　84
- 6.6　動詞の重ね型　85
- 6.7　前置詞"在"　86
- 6.8　能願動詞"能"　86
- 6.9　結果補語　87
  - ❣金銭の表現　89

第 7 課　地鉄　90

- 7.1　様態補語　94
- 7.2　"的"構文　95
- 7.3　"～的时候"　96
- 7.4　前置詞"比"　97
- 7.5　比較差を強調する"～多了"　97
- 7.6　新事態の出現を表す"了"　98
- 7.7　疑問文(4) —— 選択疑問文　98
- 7.8　連動文　99

第 8 課　北京有条金融街　102

- 8.1　疑問詞"怎么"(2)　106
- 8.2　方向動詞　106
- 8.3　完了を表す"了"　107
- 8.4　疑問詞の不定称用法　109
- 8.5　能願動詞"会"(2)　110
- 8.6　方向補語　110
- 8.7　語気助詞"嘛"　112
- 8.8　概数を表す"～多"　112
- 8.9　"不是～吗？"　113
- 文法ノート 2
  「文の 4 類型 —— 伝達機能のタイプによる分類」　114

第 9 課　北京有个什刹海　116

- 9.1　疑問詞"什么"　121
- 9.2　持続を表す"着"　121
- 9.3　兼語文　123
- 9.4　"有"を用いる連動文　124
- 9.5　前置詞"从"　125

9.6　前置詞"到"　126
9.7　前置詞"对"　126

第10課　热情的北京人　128

10.1　使役構文　132
10.2　可能／不可能を表す動詞句構造　133
10.3　能願動詞"得"　134
10.4　結果補語の"在"　134
10.5　禁止を表す副詞"別"　135
10.6　疑問文(5)——正反疑問文　135
10.7　動作量と回数の表現　136
　　　文法ノート3「中国語の疑問文」　138
　　　♥時間の表現　139

第三単元　特色北京　TÈSÈ BĚIJĪNG

第11課　北京美食　140

11.1　経過時間の表現　144
11.2　能願動詞"该"　144
11.3　副詞"再"　145
11.4　経験を表す"过"　145
11.5　否定の副詞"没（有）"　146
11.6　名詞述語文　147
11.7　"没有"を用いる比較表現　147
　　　文法ノート4
　　　　「基本構文の3類型——述語のタイプによる
　　　　分類」　149
　　　文法ミニ・レクチャー　その2
　　　　「3つの動詞接尾辞——"了"，"着"，"过"」　150
　　　♥料理動詞あれこれ　151

第12課　北京烤鴨　　152

- 12.1　能願動詞"要"(1)　　156
- 12.2　"一会儿"　　156
- 12.3　"把"構文　　157
- 12.4　主題化構文　　158
- 12.5　指示詞"这样""那样""怎（么）样"　　159
- 12.6　副詞"挺"　　160

第13課　北京小吃　　162

- 13.1　能願動詞"要"(2)　　166
- 13.2　副詞"就"　　167
- 13.3　疑問詞連鎖　　167
- 13.4　前置詞"给"　　168
- 13.5　存現文　　168
- 13.6　試行を表す"～看"　　170
- 13.7　二重目的語構文　　170
- 13.8　積極性を表す"来"　　171
  - 文法ノート5　「疑問詞いろいろ」　　172
  - 文法ミニ・レクチャー　その3
    「基本語順と前置詞の働き」　　173

第14課　爬长城　　174

- 14.1　副詞"有点儿"　　178
- 14.2　"一点儿＋都"　　178
- 14.3　受け身構文　　178
- 14.4　前置詞"跟"　　179
- 14.5　"一"の省略　　180
- 14.6　前置詞"用"　　180
- 14.7　結果補語"给"　　181
- 14.8　近接未来"了"　　181
  - 文法ノート6　「構文あれこれ」　　182

第15課　北京印象　　　　　　　　　　　184

　　15.1　時間詞　　188
　　15.2　方向補語"下来"の派生用法　　188
　　15.3　方向補語"出"の派生用法　　189
　　15.4　形容詞の重ね型　　189
　　15.5　助詞"地"　　191
　　15.6　基本構文の語順　　191
　　　　♥主な時間詞　　192

文法のまとめⅠ　　　　　　　　　　　　　193
練習問題解答例　　　　　　　　　　　　　207
語彙索引　　　　　　　　　　　　　　　　216
添付CDについて　　　　　　　　　　　　234
現代中国語音節表　　　　　　　　　　　　巻末

第 1 課　北京欢迎你！

```
《单母音》
    a    o    e    i    u    ü    er
              (yi) (wu) (yu)
```

Lǐ Tóng:　Hei, Xiǎosēn!

Xiǎosēn:　Lǐ Tóng!

Lǐ Tóng:　Huānyíng nǐ! Nǐ dì yī cì lái Běijīng ma?

Xiǎosēn:　Duì, qǐng duō guānzhào.

Lǐ Tóng:　Bú kèqi.

李童：嘿，小森！

小森：李童！

李童：欢迎你！你第一次来北京吗？

小森：对，请多关照。

李童：不客气。

> 語　釈

1　Lǐ Tóng　李 童　［固有名詞］李童（りどう）。◆人名。人名をピンインで綴るときは，姓と名を分かち書きにし，それぞれを大文字で始める。

　　hei　嘿　［感嘆詞］（相手に呼びかけて）やあ；おい。

　　Xiǎosēn　小森　［固有名詞］小森。◆人名。

3　huānyíng　欢迎　［動詞］歓迎する。

　　nǐ　你　［代名詞］⇒学習のポイント1.7

　　dì yī cì　第一次　第1回目；はじめて。◆「1回」という意味の〈数詞＋量詞〉（→学習のポイント4.4）と接頭辞"第"が組み合わさったもの。ここでは副詞的用法として，後ろの動詞句"来北京"を修飾している。

　　lái　来　［動詞］来る。

　　Běijīng　北京　［固有名詞］北京。

　　ma　吗　［語気助詞］⇒学習のポイント1.9

4　duì　对　［形容詞］正しい；合っている；その通りである。◆ここでは「そうだ；その通りだ」という応答の言葉。

　　Qǐng duō guānzhào.　请多关照。　どうぞよろしくお願いいたします。◆相手に挨拶する際に用いられる慣用的表現。"关照"は「面倒を見る；世話をする」という意味の動詞。"请"は「どうぞ；どうか（…してください）。」と丁寧に依頼するときに用いる動詞（→学習のポイント9.4）。"多"はここでは"关照"に対する連用修飾語として，「多く；いろいろと」の意味で用いられている形容詞。

5　Bú kèqi.　不客气。　（謝礼や謝罪に対して）どういたしまして；ご遠慮なく。◆"客气"は「よそよそしい；他人行儀である」という意味の形容詞。"不客气。"で，「どういたしまして；（客が主人に対し）お構いなく」という意味を表す慣用的表現。

学習のポイント

1.1 "普通话 (pǔtōnghuà)"

中国で話される共通語としての中国語は"普通话 (pǔtōnghuà)"(「普通話」)と呼ばれる。"普通话"は，発音は北京語の音韻体系を，語彙は北方地域で広く流布する「官話方言」(北方方言) を，文法は近現代の言文一致体で書かれた著作をそれぞれ基準として形成された標準語である。以下本教材でいう「中国語」とは，特に断らない限り"普通话"を指す。

1.2 ピンインと声調記号

漢字の表音化を目的として制定されたローマ字式綴りを**ピンイン**("拼音" pīnyīn) という。ピンインには**声調記号**も含まれる。ピンインは単なる発音記号 (ルビ) ではなく，分かち書きを採用することによって，漢字を用いることなくアルファベットのみで中国語の文章を表記できるよう設計されたものである。

1.3 簡体字

主として中国大陸で用いられる簡略化された漢字を**簡体字**という。普通教育の普及と非識字層の減少を目的とした清末以来の漢字簡略化運動を経て，1958 年，中国政府より「漢字簡化方案」として正式に公布された。簡体字には古字・俗字・草書体等に来源を持つものも多い。

1.4 声調 (*tone*)

中国語には各音節に音の高さの変動が存在する (音節音調)。これを**声調**といい，それには四つのパターンがあるため四声ともいう。

(模式図)

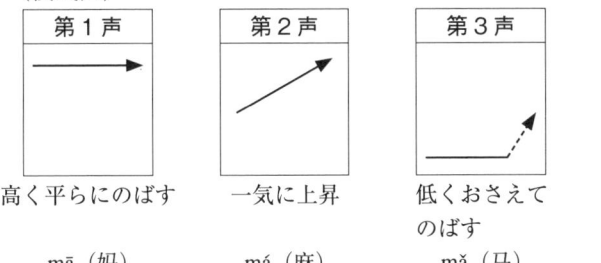

つまり現代中国語の声調は高平(1)・低平(3)・上昇(2)・下降(4)という非常に均整のとれた体系をなす。第3声はその後ろに音の切れ目が存在する場合（文末や文中での息継ぎ），抑える力を緩めることによって自然と上昇に転じる（図中の点線部）。

なお，人間の声の高さを5段階に分けたとき，それぞれの声調の高低は以下のように記述できる。

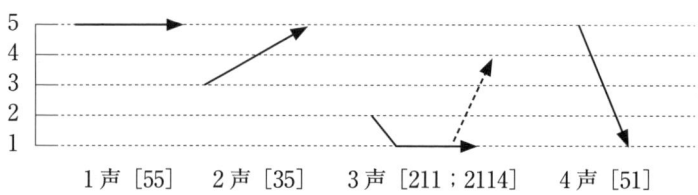

1声 [55]　　2声 [35]　　3声 [211；2114]　　4声 [51]

1.5　第3声の変調

隣接する声調が互いに影響を及ぼし合い，声調に変化が生じる場合がある。これを**連続変調**という。現代中国語では第3声が連続するとき，前の第3声が第2声に変化する。

我买。Wǒ mǎi.　→　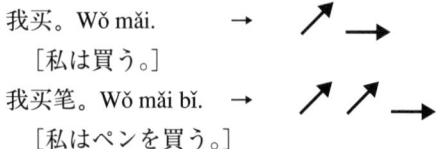
　[私は買う。]
我买笔。Wǒ mǎi bǐ.　→
　[私はペンを買う。]

但し声調符号は変更しない。

1.6　単母音

現代中国語には7つの単母音が存在する。

a　　日本語のアよりも口を大きく開けて，明るく「アー」。[ɑː]
o　　唇を丸めて，ノドの奥の方から「オー」。[oː]

e	口を半開きにしたまま，ノドの奥で「ウー」。［ɤ:］
i (yi)	子供が「イーッだ！」と言うときのように，口を横に引いて「イー」。［i:］
u (wu)	唇を丸く前につきだして「ウー」。［u:］
ü (yu)	最初に i の発音をしながら，舌先が動かないよう注意しつつ唇だけを丸めていく。i と u を同時に発音する。［y:］
er	e を発音し，同時に舌先をそり上げる。［ə˞］

◎（ ）内は前に頭子音がないときの綴り方である。また，［ ］は IPA（国際音声字母）による表記。

1.7 人称代名詞

人称代名詞は単数と複数で以下のように使い分けられる。

(1) 単数

1人称	2人称	3人称	
wǒ〔我〕	nǐ〔你〕（普通体）	tā〔他・她〕	〔它〕
	nín〔您〕（敬語体）	ヒト	動物・事物

※(1) 中国語の人称代名詞には格変化はない。
　(2) "您"は目上の相手に用いる敬語体。
　(3) "他"は男性を，"她"は女性を指す。

(2) 複数

1人称	2人称	3人称
wǒmen〔我们〕	nǐmen〔你们〕	tāmen〔他们・她们・它们〕
zánmen〔咱们〕		

※(1) "咱们"は「あなた」（＝聞き手；2人称）を含めて「わたしたち」を意味するときに用いる。"我们"は「あなた」を除く「わたしたち」を意味するときに用いる。
　(2) "咱们"の意味で"我们"が使われることもある。

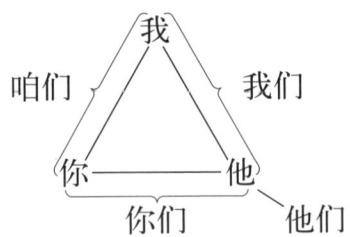

1.8 動詞述語文

述語が動詞によって構成されるタイプの文を「動詞述語文」という。目的語がある場合は，動詞のうしろに置き，SVO の語順で並ぶ。

主語 (S)	述語	
	動詞 (V)	目的語 (O)
我 [私は買う。]	买 mǎi。	
我们 [私たちはあなたを歓迎する。]	欢迎	你。
他 [彼は北京に来る。]	来 lái	北京。

練習 1 ｛　｝のなかの 3 つの語句を正しい語順に並べ替えて文を作り，日本語に訳しなさい。

(1) ｛书 shū [本]、我、买｝
(2) ｛小说 xiǎoshuō、看 kàn [読む]、李童｝
(3) ｛我、他、爱 ài [愛している]｝

1.9 疑問文(1)——"吗"を用いる当否疑問文

語気助詞の"吗"を平叙文の文末に用いて，事柄の真偽を尋ねる疑問文を「当否疑問文」という。「～か；～ですか」。

主語 (S)	述語			
	副詞	動詞（V）	目的語（O）	語気助詞
他 〔彼は来ますか？〕		来		吗？
你 〔あなたはスカーフを買いますか？〕		买 mǎi	围巾 wéijīn	吗？
李童 〔李童はしょっちゅう本を買いますか？〕	常常 chángcháng	买	书 shū	吗？

※ "～吗？" に対する回答には，一般に述語を用いて答える。
  ○ 肯定回答の場合→肯定形の述語で答える。
    "他来吗？" "（他）来。"
  ○ 否定回答の場合→否定形の述語で答える（→学習のポイント 2.9, 11.5）。
    "你买围巾吗？" "（我）不买。"

練習2 次の疑問文を中国語に訳しなさい。
  (1) 彼らは広州〔广州 Guǎngzhōu〕に行き〔去 qù〕ますか？
  (2) 「あなたはお茶〔茶 chá〕を飲み〔喝 hē〕ますか？」「飲みません。私はコーヒー〔咖啡 kāfēi〕を飲みます。」

《姓名の尋ね方，名乗り方》

 姓名の表現には，動詞 "姓 xìng" と "叫 jiào" を用いる。姓だけを名乗るときは "姓"，姓名または名だけを名乗るときは "叫" を用いる。

 "他 姓 什么？" "他 姓 王。"
 "Tā xìng shénme?" "Tā xìng Wáng."
   〔「彼は名字は何といいますか？」「彼は王といいます。」〕

 "你 叫 什么 名字？" "我 叫 李 童。"
 "Nǐ jiào shénme míngzi?" "Wǒ jiào Lǐ Tóng."
   〔「あなたは名前は何といいますか？」「私は李童といいます。」〕

※(1) 聞き手の姓を丁寧に尋ねる場合は"贵姓？"を用いる。

"您 贵姓？" "我 姓 张。"
"Nín guìxìng?" "Wǒ xìng Zhāng."

[「あなたはご名字は何とおっしゃるのですか？」「私は張といいます。」]

(2) 事物の名前を「～という」という場合にも"叫"を用いる。

月牙泉，俗名 叫 "药泉"。
Yuèyáquán, súmíng jiào "Yàoquán".

[（敦煌の）月牙泉は，俗に"薬泉"という。]

第一单元　古老北京的风景　GǓLǍO BĚIJĪNG DE FĒNGJǏNG

第 2 課　参观首都博物馆

―《二重母音》――――――――――――――
　　ai　　ei　　ao　　ou
　　ia　　ie　　ua　　uo　　üe
　　(ya)　(ye)　(wa)　(wo)　(yue)

Lǐ Tóng:　Jīntiān wǒmen xiān cānguān Shǒudū Bówùguǎn, zěnmeyàng?

Xiǎosēn:　Hǎo wa.

Lǐ Tóng:　Nǐ kàn.

Xiǎosēn:　Zhēn piàoliang! Zhèli de ménpiào hěn guì ba?

Lǐ Tóng:　Bù, zhèr de ménpiào bú yào qián.

李童：今天我们先参观首都博物馆，怎么样？
小森：好哇。
李童：你看。
小森：真漂亮！这里的门票很贵吧？
李童：不，这儿的门票不要钱。

語 釈

    gǔlǎo 古老 ［形容詞］長い年月を経た；古い歴史を持つ。
    fēngjǐng 风景 ［名詞］風景；景色；光景。
1 jīntiān 今天 ［時間詞］今日。⇒第15課「❣主な時間詞」(p.192)
    xiān 先 ［副詞］先に；まず。
    cānguān 参观 ［動詞］参観する；見学する。
    Shǒudū Bówùguǎn 首都博物馆 ［固有名詞］首都博物館。◆1981年開館。当時は故宮の北に位置する安定門内の国子監（清朝以前の最高学府）の跡地にあったが，2006年に復興門外にてリニューアルオープン。国子監跡の"老馆 lǎoguǎn"に対して"新馆 xīnguǎn"と呼ばれる。
    zěnmeyàng 怎么样 ［疑問状態詞］どうか；どんな風か；どうであるか。◆人・事物の性質・情況を尋ねる（→学習のポイント12.5）。
2 hǎo 好 ［形容詞］はい；よろしい；いいですね。◆本来は"よい；立派である；優れている"という意味であるが，ここでは相手への同意を表す。
    wa 哇 ［語気助詞］⇒学習のポイント2.3
3 kàn 看 ［動詞］見る。
4 zhēn 真 ［副詞］確かに；本当に；まったく。
    piàoliang 漂亮 ［形容詞］美しい；きれいである。
    zhèli 这里 ［指示詞］⇒学習のポイント2.5
    de 的 ［助詞］⇒学習のポイント2.6
    ménpiào 门票 ［名詞］入場券；入館券。
    hěn 很 ［副詞］⇒学習のポイント2.7
    guì 贵 ［形容詞］（値段が）高い。
    ba 吧 ［語気助詞］⇒学習のポイント2.8
5 bù 不 ［副詞］⇒学習のポイント2.9
    yào 要 ［動詞］欲しい；要る；必要とする。
    qián 钱 ［名詞］お金；お代。

学習のポイント

2.1　二重母音
現代中国語には9つの二重母音が存在する。

音節の中心となる母音（主母音）をはっきりと長めに発音し，その前後の母音（介音あるいは韻尾）は軽く添えるように発音する。

主母音＋韻尾

ai	「ア」を明るくはっきり発音したあと，軽く「イ」を添える。[aĭ]
ei	iと組み合わさる場合，eは「エ」と発音する。aiと同様，軽く「イ」を添える。[eɪ]
ao	「ア」を明るくはっきり発音したあと，軽く「オ」を添える。[ɑŏ]
ou	単母音oの後に，軽く「ウ」を添える。[oʊ]

介音＋主母音

ia (ya)	単母音iを軽く発音したすぐあとに，「ア」を明るくはっきりと発音する。[iaˑ]
ie (ye)	単母音iを軽く発音したすぐあとに，「エ」をはっきりと発音する。[ieˑ]
ua (wa)	単母音uを軽く発音したすぐあとに，「ア」を明るくはっきりと発音する。[ŭɑˑ]
uo (wo)	単母音uを軽く発音したすぐあとに，「オ」をはっきりと発音する。[ŭoˑ]
üe (yue)	単母音üを軽く発音したすぐあとに，「エ」をはっきりと発音する。[yɛˑ]

※（　）内は前に頭子音がないときの綴り方である。

2.2　軽声の発音
音節の本来持つ声調が，特定の語彙的環境や文法的環境によって失われ，軽く・短く発音される現象を軽声という。軽声の実際の高さは，直前の強く発音される音節の高低によって決定される。

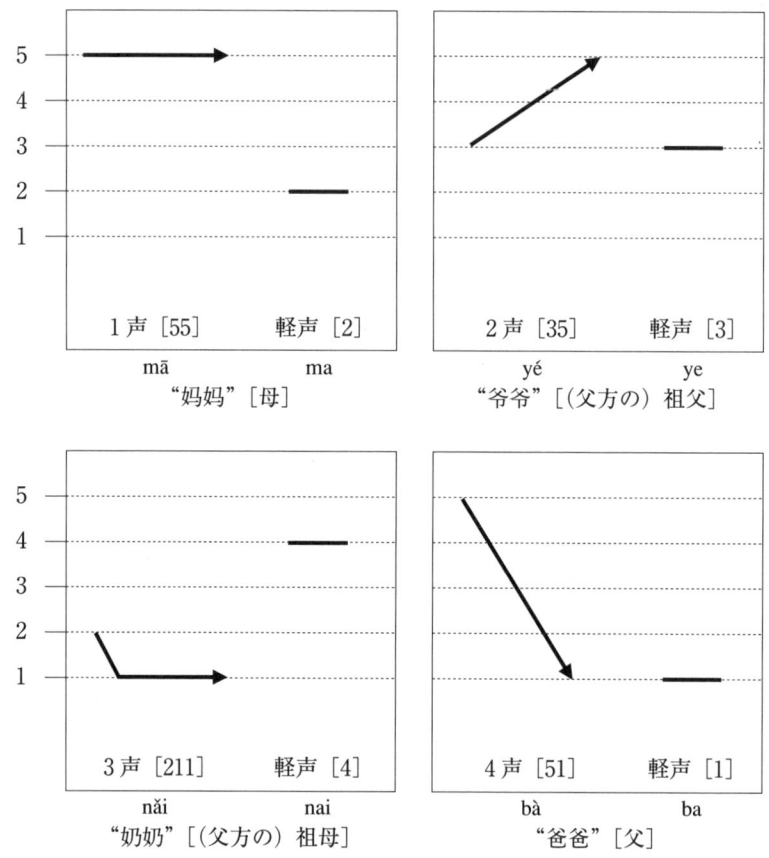

2.3 語気助詞"啊 a" —— 増幅機能を果たす"啊"

語気助詞の"啊"は各種の文末に用いられて、それぞれの文がもつ伝達機能を増幅させる効果をもつ。

北京　西站　真　大　啊！［北京西駅は本当に大きいなあ！］
Běijīng Xīzhàn zhēn dà a!

你　现在　在　哪儿　啊？［あなた，いまどこにいるの？］
Nǐ xiànzài zài nǎr a?

※"啊 a"は先行する音節の末尾の音に影響されて,次のように音が変化する。その際,表記する漢字も変わることが多い。

  u, ao, ou + a（啊） → wa（哇）：好哇！Hǎo wa!［いいよ！］
  a, o, i, e, ü + a（啊） → ya（呀）：谁呀？Shéi ya?［誰だい？］
  n + a（啊）   → na（哪）：不难哪。Bù nán na.［むずかしくないよ］

2.4 形容詞述語文

述語が形容詞によって構成されるタイプの文を「形容詞述語文」という。

主語（S）	述語		
	副詞	形容詞	語気助詞
门票		贵	吗？
［入場券は高いですか。］			
涮羊肉 Shuànyángròu	真	好吃 hǎochī!	
［羊のしゃぶしゃぶは本当においしいなあ！］			

※形容詞述語文については「文法ミニ・レクチャー その1 形容詞述語文の意味と構造」(p.31) を参照。

練習1 次の文を中国語に訳しなさい。

 (1) 大連〔大连 Dàlián〕は寒い〔冷 lěng〕ですか？
 (2) 武漢〔武汉 Wǔhàn〕はなんて蒸し暑い〔闷热 mēnrè〕んだ！

2.5 指示詞(1)──場所を指し示す指示詞 "这儿" "那儿" "哪儿"

話し手にとって近いと感じられる場所を "这儿" または "这里" で指し,遠いと感じられる場所を "那儿" または "那里" で指す。

	近称	遠称	不定称（疑問詞）
口語	这儿 zhèr	那儿 nàr	哪儿 nǎr
書面語	这里 zhèli	那里 nàli	哪里 nǎli
日本語	ココ	ソコ　アソコ	ドコ

 "王 老师 在 哪儿？" "他 在 那儿。"
 "Wáng lǎoshī zài nǎr?" "Tā zài nàr."
  ［「王先生はどこにいますか？」「あそこにいます。」］

練習2 次の文を中国語に訳しなさい。
(1)「私の本はどこにありますか？」「あそこにあります。」
(2) ここは蒸し暑いですか？

2.6 "的"を用いる名詞句(1) ──「名詞／代名詞＋"的"＋名詞」

名詞や人称代名詞は助詞の"的"を伴い，名詞を修飾して名詞句（連体修飾構造）をつくることができる。

孩子 的 照片 ［子供の写真］
háizi de zhàopiàn

李童 的 姐姐 ［李童の姉］
Lǐ Tóng de jiějie

鲁迅 的 小说 ［魯迅の小説］
Lǔ Xùn de xiǎoshuō

他们 的 爱好 ［彼らの趣味］
tāmen de àihào

北京 的 秋天 ［北京の秋］
Běijīng de qiūtiān

昨天 的 事情 ［昨日の事］
zuótiān de shìqing

2.7 副詞 "很"

人物や事物や状況について，話し手の実感として捉えたそれらの性質や状態を述べるときに，形容詞（句）の前に用いる。

他 很 活泼。［彼は快活だ。］
Tā hěn huópo.

今天 天气 很 好！［きょうは天気がいいねえ。］
Jīntiān tiānqì hěn hǎo!

◎"很"にストレスを置いて強く発音すると，性質や状態の程度が高いという気持ちを表す。「とても。」

他 的 态度 ▎很 不 好。［彼の態度はとても悪い。］
Tā de tàidu hěn bù hǎo.

2.8 語気助詞 "吧"(1) —— 推量・確認を表す "吧"
　語気助詞の "吧" は平叙文の文末に用いられて，話し手の推量や聞き手への確認の気持ちを表す。

　　現在　找　工作　很　难　吧。
　　Xiànzài zhǎo gōngzuò hěn nán ba.
　　［いま仕事を探すのは難しいでしょう。］

　　你　第　一　次　来　北京　吧？
　　Nǐ dì yī cì lái Běijīng ba?
　　［あなたははじめて北京にいらっしゃったのでしょう？］

2.9 否定の副詞 "不"
　副詞の "不" は動詞または形容詞の前に用いられて次のような意味の否定を表す。

(1) "不" が動詞の前に用いられるとき——主語の表す人物や事物にその動作を行なう意思や予定がないこと，習慣的にその動作を行なわないこと，あるいは動詞が表す状態が存在しないことを表す。

　　她　不　来。［彼女は来ない。］
　　Tā bù lái.
　　我　不　看　报。［私は新聞を読まない。］
　　Wǒ bú kàn bào.
　　他　不　认识　你。［彼はあなたのことを知らない。］
　　Tā bú rènshi nǐ.

(2) "不" が形容詞の前に用いられるとき——主語の表す人物や事物に形容詞の表す状態や性質が該当しないことを表す。

　　我　不　饿。［私はお腹が空いていない。］
　　Wǒ bú è.

香港 的 冬天 不 冷。［香港の冬は寒くない。］
Xiānggǎng de dōngtiān bù lěng.

◎"不"は次のように計2種類の声調で発音される。
① 単独で発音されるとき⇒第4声
　　　"Bù!"　　"不!"［「違います！」］
② 後ろに第1声・第2声・第3声の音節が続くとき⇒第4声
　　　bù lā　　　不拉［引っ張らない］
　　　bù lái　　　不来［来ない］
　　　bù mǎi　　不买［買わない］
③ 後ろに第4声の音節が続くとき⇒第2声
　　　bú zài　　　不在［～にいない；～にない］
　　　bú ài　　　不爱［愛していない］
　　　bú è　　　不饿［お腹が空いていない］
　　この場合，声調符号も第2声に書き換えられる。

練習3　次の文を中国語に訳しなさい。
（1）彼らは広州に行きません。
（2）私は肉〔肉 ròu〕は食べ〔吃 chī〕ないことにしています。
（3）入場券は高くない。

―≪文法ミニ・レクチャー　その１≫―

形容詞述語文の意味と構造

　中国語の形容詞は，日本語と同様，動詞の助けを借りずにそれ自身で述語になることができる。この課で学習したように，述語が形容詞によって構成される文を形容詞述語文という。形容詞述語文は，意味と構造の違いによって，大きく次の３つのタイプに分かれる。
　　(1)　類別限定タイプ：冬天　　冷。［冬は寒い］
　　　　　　　　　　　　Dōngtiān lěng.
　　(2)　実感描写タイプ：外边　　很 冷。［外が寒い］
　　　　　　　　　　　　Wàibian hěn lěng.
　　(3)　変化叙述タイプ：天气　　冷 了。［天候が寒くなった］
　　　　　　　　　　　　Tiānqì lěng le.
　「類別限定タイプ」とは，人物や事物について，その性質を分類的・類別的に特徴づけるタイプの形容詞述語文を指す。たとえば"冬天冷。"という文は，冬という季節の特徴を類別的に限定する意味で「冬は寒い」と述べている。つまり，季節には暑い季節，寒い季節，暖かい季節……というようにいくつかのタイプの季節があり，それらのなかで「冬」は「寒い」（季節だ）という意味である。類別限定タイプの構造的特徴は，"冬天冷。"がそうであるように，形容詞が副詞の修飾を受けずに単独で（言わば，裸で）述語に立つという点にある。
　「実感描写タイプ」とは，特定の人物・事物あるいは状況に関して，話し手が自らの実感として捉えた具体的な性質や状態を述べるタイプの文を指す。"外边很冷。"は，話し手が特定の時間的・空間的状況において実感した「外が寒い」という状態を述べるものである。実感描写タイプの形容詞述語文は，肯定の平叙文として用いられる場合，類別限定タイプとは対照的に，必ず形容詞の前に程度を表す副詞（"很"［とても］，"太"［あまりに］，"真"［ほんとうに］，"有点儿"［ちょっぴり］など）を用いる。つまり，形容詞は裸では用いられない。ただし，否定文（"外边不冷。"［外は寒くない］）や疑問文（"外边冷吗？"［外は寒いですか］）の場合は，程度副詞を用いなくてもよい。
　「変化叙述タイプ」とは，状態の変化を述べる形容詞述語文を指す。このタイプも，文末に"了"（⇒学習のポイント7.5）を用いたり，形容詞の後に変化の起動（開始）を表す"起来"という表現を用いたりして（"天气冷起来了。"［天候が寒くなり出した］），形容詞を裸では用いない。

なお,類別限定タイプの形容詞述語文は,人物や事物の性質を分類的に限定するという特徴をもつところから,しばしば対比の意味を帯びる。"冬天冷。"[冬は寒い]であれば,他の性質に属する季節との対比において「冬」は「寒い」のだという意味を含意し,"小李漂亮。"[李さんは美しい]であれば,他の性質に属する人物との対比において「李さん」は「美しい」のだという意味を含意する。日本語で「は」にストレスを置いて「李さんは美しい」と表現するときのニュアンスに通じるものがある。このような意味的特徴をもつ類別限定タイプの形容詞述語文は,次のように対比を表す並列表現のかたちで用いられることが多い。

　　哈尔滨　冷，香港　热。[ハルピンは寒いが,香港は暑い。]
　　Hā'ěrbīn lěng, Xiānggǎng rè.

　　雷声　大，雨点　小。
　　Léishēng dà, yǔdiǎn xiǎo.

　　[雷の音は大きいが,雨粒は小さい(「掛け声ばかり大きくて,行動が伴わない」の喩え。)]

　形容詞は,このように,裸で述語に用いると類別限定の意味をもち,しばしば対比のニュアンスを伴う。そのため,他との対比を意図せずに,単にそのものの性質や状態を述べるだけの場合には,"很"[とても]や"有点儿"[ちょっぴり]などなんらかの程度副詞を用いて,形容詞の単独使用を避けなければならない。では,他と対比する意図がなく,しかも特に程度を強めたり弱めたりする必要がない場合はどうすればよいか。そのような場合は,"很"を,ストレスを置かずに軽く形容詞の前に添えればよい。

第3課　四合院儿

```
《三重母音》
  iao    iou    uai    uei
  (yao)  (you)  (wai)  (wei)
```

```
《子音 1》
  b    p    m    f
  d    t    n         l
  g    k         h
```

Xiǎosēn:　Zhè shì sìhéyuànr ma?

Lǐ Tóng:　Duì. Yǐqián de lǎo Běijīng rén dōu zhù sìhéyuànr.
　　　　　Zhè shì hútòngr, sìhéyuànr jīhū dōu zài hútòngrli.

Xiǎosēn:　Zhēn yǒu yìsi. Nǐ shì Běijīng rén ma?

Lǐ Tóng:　Shì a. Wǒ jiā jiù zài bówùguǎn fùjìn.

Xiǎosēn:　Yě shì sìhéyuànr ma?

Lǐ Tóng:　Hěn yíhàn, bú shì.

小森：这是四合院儿吗？
李童：对。以前的老北京人都住四合院儿。这是胡同儿，四合院儿几乎都在胡同儿里。
小森：真有意思。你是北京人吗？
李童：是啊。我家就在博物馆附近。
小森：也是四合院儿吗？
李童：很遗憾，不是。

語　釈

1. zhè　这　[指示詞]⇒学習のポイント 3.3
   shì　是　[動詞]⇒学習のポイント 3.4
   sìhéyuànr　四合院儿　[名詞]北京を中心とする華北地方の伝統的住居。方形の敷地を塀で囲み，中庭（"院子 yuànzi"）を挟んで東西南北に部屋（"房 fáng"）を対称に配置する。
2. yǐqián　以前　[時間詞]以前；昔；これまで。
   lǎo　老　[形容詞]もとからの；以前の。◆この意味の場合は連体修飾語としてのみ用いられ，述語にはならない。
   Běijīng rén　北京人　北京の人；北京っ子。◆"老北京人"で「もとからの北京の人；生粋の北京っ子」の意味。⇒学習のポイント 3.5
   dōu　都　[副詞]（例外なく）いずれも；すべて；みんな。
   zhù　住　[動詞]（～に）住む。
   hútòngr　胡同儿　[名詞]横丁；路地。
3. jīhū　几乎　[副詞]ほとんど；だいたい。
   zài　在　[動詞]⇒学習のポイント 3.6
   li　里　[方位詞]～の中。⇒学習のポイント 5.3
4. yǒu yìsi　有意思　おもしろい；興味深い。◆"意思"はここでは「面白味；おもしろさ」を表す名詞。存在動詞"有"については学習のポイント 5.4 を参照。なお，「つまらない；面白くない」は"没意思 méi yìsi"という。
5. shì　是　[動詞]はい；そうである；そうです。◆"是"を用いた当否疑問文や正反疑問文（→学習のポイント 10.6）に対する肯定の返事として用いる。より鄭重な表現としては"是的 shìde"がある。なお，否定の場合は"不是 búshì"を用いる（下文）。
   jiā　家　[名詞]家。
   jiù　就　[副詞]（強い肯定を表し）ほかでもなく；まさしく。
   bówùguǎn　博物馆　[名詞]博物館。◆もちろんここでは"首都博物馆"のことを指す。
   fùjìn　附近　[方位詞]近所，付近，近く。⇒学習のポイント 3.8
6. yě　也　[副詞]⇒学習のポイント 3.9
   yíhàn　遗憾　[形容詞]遺憾である；残念である。

> 学習のポイント

3.1 三重母音
現代中国語には4つの三重母音が存在する。

- iao (yao) 二重母音 ia を発音したあと，軽く「オ」を添える。[iaŏ]
- iou (you) 第1声・第2声では「オ」があまり聞こえず，「イュウ」に近い（[iºʊ]）。これに対し，第3声・第4声では「オ」が比較的はっきり耳に響き，「ィヨウ」に近くなる（[iou]）。
- uai (wai) 二重母音 ua を発音したあと，軽く「イ」を添える。「ゥアイ」に近い。[uaĭ]
- uei (wei) 第1声・第2声・第4声では「エ」があまり聞こえず，「ウェイ」に近い（[uºɪ]）。これに対し，第3声ではあいまい母音の「ə」が比較的はっきり耳に響き，全体としてとしては「ゥワェ」に近くなる（[ŭəĕ]）。

※(1) （ ）内は前に頭子音がないときの綴り方である。
  (2) 綴り方の約束として，iou と uei の前に頭子音があるときは，o と e を省略して -iu, -ui と綴る。

頭子音 + iou → 頭子音 + iu （例：l + iou→liu）
頭子音 + uei → 頭子音 + ui （例：g + uei→gui）

3.2 子音(1)
(1) 唇を使う音

- b 日本語の「パ」行の子音に近い。「きっぱり」という時の「ぱ」の要領。[p]
- p 日本語の「パ」行の子音を，息を強く出しながら発音する。口の中で息をしっかりためた後，それを急激に破裂させる。[pʻ]
- m 唇をしっかり閉じて，日本語の「マ」行の子音を発音する。[m]
- f 英語の"f"のように，上の歯を下唇に軽くあてて発音する。[f]

(2) 舌先を使う音

- d 日本語の「タ」行の子音（ただし日本語のそれは舌先がどこにも接触

せず，いわば遊んだ状態になっているのに対し，中国語では舌先はやややそり上がり，上の歯茎にぴったりとくっつく。t・n も同じ）。[t]

t 　日本語の「タ」行の子音を，息を強く出しながら発音する。p と同様に，口の中で息をしっかりためた後，それを急激に破裂させる。[t']

n 　日本語の「ナ」の子音。[n]

l 　英語の"l"と同じ。日本語の「ラ」行の子音に近いが d の位置まで舌をそり上げる。[l]

(3) 舌の付け根を持ち上げる音

g 　日本語の「カ」行の子音（ただし日本語のそれよりもやや後ろよりで発音する。k も同じ）[k]

k 　日本語の「カ」行の子音を，息を強く出しながら発音する。[k']

h 　のどの奥から強い息を出して「ハ」の子音を発音する。[x]

● 有気音と無気音 ●

日本語には，例えば「タ」と「ダ」のように清音と濁音の対立が存在するが，中国語にはこのような対立はない。一方，中国語の破裂性をもつ子音には，気流の強弱によって区別される「有気音」と「無気音」の対立が存在する。上の説明の中で，['] の記号を付したものが有気音である。中国語には有気音と無気音の対立が 6 組ある（各組それぞれ左が無気音，右が有気音である）。

b — p	d — t
g — k	j — q
z — c	zh — ch

無気音は，その名称こそ"無気音"（気流が無い音）となっているが，これらの子音を完全に気流を伴わずに発音することは不可能であり，実際には弱い気流を伴う。ただしそれは有気音の場合に比べて遥かに弱い。"無気音"と呼ばれるゆえんである。無気音では調音点の閉鎖（例えば b における両唇の閉鎖）は比較的弱いが，その代わりにその発音に入る直前には声門が緊張して閉じた状態になっている。例えば，我々が「アッ！」という驚きの声をあげる時，母音「ア」を発音する直前にノドの奥がつづまり，緊張した状態になっていることが知覚できるが，これが声門の閉鎖である。中国語の無気音における閉鎖はここまで強くはないが，子音を発音する直前に少しノドをつづめるようにするとうまく発音できるだろう。一方，有気音は調音点の閉鎖が強い。例えば p ならば，唇をしっかり閉じて息を十分に溜め，閉鎖を破ると同時にそれを一気に吐き出すように発音すればうまく発音できる。

無気音は濁音ではないから，例えば ba をその表記に引きずられて「バ」のように発音してはいけない。無気音はあくまで清音である。

3.3 指示詞(2) —— 人や事物を指す指示詞 "这" "那" "哪"

近称	遠称	不定称 (疑問詞)
这 zhè	那 nà	哪 nǎ
コレ	ソレ　アレ	ドレ

※(1) "这" と "那" は "这是～" (「これは～である」)，"那是～" (「あれは～である」)のように，一般に "是" を用いる動詞述語文 (→学習のポイント3.4)の主語に用い，目的語には用いない。また，"是" 以外の動詞からなる動詞述語文の主語や目的語にも一般には用いない。
　　×那　在　胡同儿里。
　　×我　买　这。

(2) "哪" は一般に単独で用いず，量詞 (→学習のポイント4.4) と組み合わせて "哪位" のようなかたちで用いる。
　　哪　位　是　林　大夫？
　　Nǎ　wèi　shì　Lín　dàifu?
　　［どなたが林先生ですか？］

(3) これらの指示詞は〈指示詞＋量詞＋名詞〉(→学習のポイント5.2)と組み合わせて，「この～」「あの～」「どの～」という意味を表す。

3.4 "是" を用いる動詞述語文

「…は～である；…は～だ」という判断・断定を表すときは動詞 "是" を用いる。

主語 (S)	述語			語気助詞
	副詞	動詞 (V)	目的語 (O)	
他		是	学生 xuésheng	吗？
［彼は学生ですか？］				
李童	不	是	上海 人 Shànghǎi rén。	
［李童は上海の人ではありません。］				
我 的 生日 shēngri	也	是	今天。	
［私の誕生日も今日である。］				

|練習1| 次の日本語を中国語に訳しなさい。
(1) "あれは何ですか？" "あれは私の本です。"
(2) 私たちも学生です。

3.5 名詞連接による名詞句(1)――「種類／属性＋人／事物」

人・事物の種類や属性を述べる名詞句は，種類や属性を表す名詞が，人や事物を表す名詞と直接結びついて（"的"を用いずに）構成される。

[種類／属性 ＋ 人／事物]

  爱情 小说 [恋愛小説]
  àiqíng xiǎoshuō

  日本 人 [日本人]
  Rìběn rén

  中国 老师 [中国人教師]
  Zhōngguó lǎoshī

  东北 菜 [(中国)東北(地方の)料理]
  Dōngběi cài

  英文 报纸 [英字新聞]
  Yīngwén bàozhǐ

3.6 所在動詞"在"

人や事物の所在（居場所，在り処）を述べるとき（つまり，話題にのぼっている人物や事物は「～にいる；～にある」という意味を表す場合），所在動詞の"在"を用いる。場所表現は目的語の位置におく。

主語（S）	述語		
	副詞	動詞（V）	目的語（O）
〔人・事物〕 …は		"在" いる・ある	〔場所〕 〜に
他		在	办公室 bàngōngshì。
［彼は事務室にいる。］			
李童	不	在	学校 xuéxiào。
［李童は学校にいない。］			
天安门 Tiān'ānmén		在	北京 Běijīng。
［天安門は北京にある。］			

練習 2　次の文を中国語に訳しなさい。
(1) 彼女は事務室にいますか？
(2) 李童は北京にいないでしょう。
(3) （デパートで店員に対し）スカーフ〔围巾 wéijīn〕は二階〔二楼 èr lóu〕にありますか？

3.7　代名詞からなる名詞句 ——「代名詞＋親族名称／所属先」

　代名詞を修飾語に用いて，「誰々の〜」という意味で，特定の親族，友人，所属先を指し示すときは，"的"を用いずに，代名詞を名詞に直接結びつけて，「代名詞＋名詞」のかたちの名詞句を用いる。

我　妈妈　［私の母］　　　　他　哥哥　［彼の兄］
wǒ māma　　　　　　　　　tā gēge

你　女朋友　［君の彼女］　　你　家　［あなたの家］
nǐ nǚpéngyou　　　　　　　nǐ jiā

我们　学校　［我々の学校］　你们　公司　［あなた方の会社］
wǒmen xuéxiào　　　　　　nǐmen gōngsī

3.8 名詞連接による名詞句(2) ——「人／事物＋空間」

場所を述べる名詞句は，人や事物を表す名詞のあとに，空間を表す表現が直接結びついて（"的"を用いずに）構成される。

[人／事物 ＋ 空間]

博物馆　　附近　[博物館の辺り]
bówùguǎn　fùjìn

小李　　　对面　[李さんの向かい]
Xiǎo-Lǐ　　duìmiàn

老师　　　右边　[先生の右側]
lǎoshī　　yòubian

我　　　　这儿　[（私＋ここ→）私のところ]
wǒ　　　　zhèr

她　　　　那儿　[（彼女＋あそこ→）彼女のところ]
tā　　　　nàr

3.9 副詞 "也"

動詞または形容詞の前に用いて「～（も）また；同様に」という意味を表す。

主語 (S)	述語			語気助詞
	副詞	動詞 (V)	目的語 (O)	
		形容詞		
李童	也	来		吗？
[李童も来ますか。]				
她家	也	在	博物馆 附近。	
[彼女の家も博物館の近くです。]				
那里 的 门票	也		贵	吧。
[あそこの入場券も高いでしょう。]				

練習3 次の文を中国語に訳しなさい。
(1) 彼も北京の人ですか。
(2) 彼女は彼のことを知っている〔认识 rènshi〕し，私も彼のことを知っている。
(3) 重慶〔重庆 Chóngqìng〕も本当に〔这么 zhème〕蒸し暑いなあ。

第 4 課　去前門

```
《子音 2》
  j      q     x
  z      c     s
  zh     ch    sh    r
```

Xiǎosēn:　Lǐ Tóng, jīntiān wǒmen qù nǎr?

Lǐ Tóng:　Zánmen qù Qiánmén Dàshalànr ba.

Xiǎosēn:　Nà shì shénme dìfang?

Lǐ Tóng:　Nà shì Běijīng yì tiáo zhùmíng de shāngyèjiē, shì Běijīng lǎozìhao zuì jízhōng de dìfang. Nǐ xiǎng qù ma?

Xiǎosēn:　Dāngrán xiǎng qù. Yuǎn ma? Wǒmen zěnme qù hǎo ne?

Lǐ Tóng:　Zuò gōnggòng qìchē ba.

Xiǎosēn:　Zuò jǐ lù?

Lǐ Tóng:　Dà yī lù, yòu kuài yòu piányi.

小森：李童，今天我们去哪儿？

李童：咱们去前门大栅栏吧。

小森：那是什么地方？

李童：那是北京一条著名的商业街，是北京老字号最集中的地方。你想去吗？

小森：当然想去。远吗？我们怎么去好呢？

李童：坐公共汽车吧。

小森：坐几路？

李童：大1路，又快又便宜。

語 釈

1. qù 去 ［動詞］（目的地に向かって）行く。
   nǎr 哪儿 ［指示詞］⇒学習のポイント 2.5, 4.2
2. Qiánmén 前门 ［固有名詞］前門。◆故宮の南に位置する北京内城の正門・"正阳门 Zhèngyángmén"の俗称であり，その南に広がる著名な商業地区（"前门大街 Qiánmén Dàjiē"）の略称でもある。
   Dàshalànr 大栅栏 ［固有名詞］大柵欄。◆前門大街の西に広がる500年あまりの歴史を持つ伝統的な繁華街。"Dàshilànr"とも発音される。
   ba 吧 ［語気助詞］⇒学習のポイント 4.3
3. shénme 什么 ［疑問名詞］どんな；どういう。⇒学習のポイント 4.2, 9.1
   dìfang 地方 ［名詞］ところ；場所。
4. tiáo 条 ［量詞］〜本；〜筋。◆細く長く伸びるものや，しなやかなイメージを与えるものを数えるのに用いる。⇒学習のポイント 4.4
   zhùmíng 著名 ［形容詞］著名である；有名である。
   de 的 ［助詞］⇒学習のポイント 4.5
   shāngyèjiē 商业街 ［名詞］繁華街；商業地区。
   lǎozìhao 老字号 ［名詞］老舗。◆"字号"は「屋号；商店」のこと。
   zuì 最 ［副詞］もっとも；一番。
   jízhōng 集中 ［形容詞］集中している。
5. xiǎng 想 ［能願動詞］⇒学習のポイント 4.6
6. dāngrán 当然 ［副詞］当然；もちろん。
   yuǎn 远 ［形容詞］遠い。
   zěnme 怎么 ［疑問副詞］⇒学習のポイント 4.7；文法ノート 5「疑問詞いろいろ」（p.172）
   hǎo ne 好呢 〜すればいいのだろうか。◆"好"は，本来は"よい；立派である；優れている"という意味の形容詞であるが，疑問詞疑問文の後ろに"好呢"を続けて，話し手自身が行為の選択を思案する気持ちを表す。⇒学習のポイント 4.8

7 zuò 坐 ［動詞］（電車やバスなどの乗り物に）乗る。
　gōnggòng qìchē 公共汽车 ［名詞］路線バス。◆"公交车 gōngjiāochē"とも言う。
8 jǐ 几 ［疑問数詞］⇒学習のポイント4.9
　lù 路 ［量詞］～番；～号系統。◆路線バス等の路線・系統を数えるのに用いる。
9 Dà yī lù 大1路 1号系統（バス）。◆北京市内を走る路線バスのうちの1号系統バス。北京の中心部を東西に貫く長安街を走る"1路公共汽车"のことで、"大1路"はその俗称。"大"（「一番上の」）はトップナンバーである本系統に対する一種の敬意を表す。
　yòu～yòu… 又～又… ～でもあり（かつまた）…でもある。◆二つの形容詞（句）または動詞（句）を"又～又…"のかたちで結びつけ，一つの事物や一つの場面が，同時に二つの性質や状況を併せもつことを意味する。
　kuài 快 ［形容詞］（速度が）速い。
　piányi 便宜 ［形容詞］（値段が）安い。↔"贵"（第2課）

学習のポイント

4.1 子音(2)
(4) **舌面を使う音**
- j 日本語の「チ」の子音と同じ。唇の両端をやや左右に引き，舌先を下の歯の裏に当てる（ただし日本語のそれよりも舌面はより上の方へ持ち上がる。q・x も同じ）。[tɕ]
- q 日本語の「チ」の子音を，息を強く出しながら発音する。[tɕʻ]
- x 息を強く出しながら，日本語の「シ」の子音を発音する。[ɕ]

(5) **舌と歯を使う音**
- z 日本語の「ツ」の子音。舌先を上歯の裏側に当てる（c・s も同じ）。[ts]
- c 日本語の「ツ」の子音を，息を強く出しながら発音する。[tsʻ]
- s 日本語の「ス」の子音。[s]

(6) **舌をそり上げる音**
- zh 唇をやや開き，舌を上の歯茎のさらに後ろ側，上あご（硬口蓋）が落ち込む辺りまでそり上げ，「チ」の子音を発音する。[tʂ]
- ch 強く息を出して zh を発音する。[tʂʻ]
- sh zh と同じ構えで「シ」を発音する。[ʂ]
- r zh と同じ構えで「リ」を発音する。[ʐ]

4.2 疑問文(2) ── 疑問詞疑問文

"什么 shénme"［なに］，"几 jǐ"［いくつ］，"谁 shéi"［だれ］，"哪儿 nǎr"［どこ］，などの疑問詞を用いて，未知・不定の要素を問う疑問文を「疑問詞疑問文」という。

"你 吃 什么？" "我 吃 锅贴。"
"Nǐ chī shénme?" "Wǒ chī guōtiē."

［「あなたは何を食べますか？」「私は焼き餃子を食べます。」］

"李 童 住 几 楼？" "他 住 三 楼。"
"Lǐ Tóng zhù jǐ lóu?" "Tā zhù sān lóu."

〔「李童は何階に住んでいますか？」「彼は三階に住んでいます。」〕

"他 是 谁？" "他 是 英文 老师。"
"Tā shì shéi?" "Tā shì Yīngwén lǎoshī."

〔「彼は誰ですか？」「彼は英語の先生です。」〕

"邮局 在 哪儿？" "在 人民 路。"
"Yóujú zài nǎr?" "Zài Rénmín Lù."

〔「郵便局はどこにありますか？」「人民路（通り）にあります。」〕

練習 1　次の文を中国語に訳しなさい。
(1)「あなたは何を買いますか？」「私はオーバーコート〔大衣 dàyī〕を買います。」
(2)「彼らは何階にいますか？」「彼らは五〔五 wǔ〕階にいます。」
(3)「あなたは誰を捜し〔找 zhǎo〕ていますか？」「私はシャオホン〔小红 Xiǎohóng〕」を捜しています。」
(4)「あなたの家はどこにありますか？」「故宮〔故宫 gùgōng〕の近くにあります。」

4.3　語気助詞 "吧"(2) ── 勧誘・提案を表す "吧"

語気助詞の "吧" は動詞（句）の後ろや平叙文の文末に用いられて，動作行為の遂行を勧めたり，提案したりする気持ちを表す。

咱们　一起 回家 吧！〔私たちは一緒に家に帰りましょうよ！〕
Zánmen yìqǐ huíjiā ba!

你 早 点儿 睡 吧。〔早く寝なさい。〕
Nǐ zǎo diǎnr shuì ba.

4.4 数量詞からなる名詞句

人や事物の数量は、「数詞＋量詞＋名詞」のかたちの名詞句で表す。「量詞」は日本語の助数詞にあたる。

[数詞＋量詞＋名詞]

五 wǔ	位 wèi	大夫 dàifu	[5人のお医者さん]
一 yì	头 tóu	牛 niú	[1頭の牛]
三 sān	把 bǎ	钥匙 yàoshi	[3本の鍵]
六 liù	条 tiáo	皮带 pídài	[6本のベルト]

◎名詞を省略して「数詞＋量詞」の組み合わせだけで用いることもできる。

"你 买 几 条 皮带？" "我 买 六 条。"
"Nǐ mǎi jǐ tiáo pídài?" "Wǒ mǎi liù tiáo."
[「あなたは何本ベルトを買いますか？」「私は六本買います。」]

練習2 次の文を中国語に訳しなさい。

(1) 毎朝〔毎天早上 měitiān zǎoshang〕私はパン〔面包 miànbāo〕を四つ食べます。("面包"の量詞は"块 kuài")
(2) 明日〔明天 míngtiān〕李童は机〔桌子 zhuōzi〕を一台買います。("桌子"の量詞は"张 zhāng")
(3) 牛乳〔牛奶 niúnǎi〕を二〔两 liǎng〕杯飲み〔喝 hē〕なさいよ。(飲み物の分量を数える量詞は"杯 bēi")
(4) 彼女は魚〔鱼 yú〕を六匹飼っています〔养 yǎng〕。("鱼"の量詞は"条 tiáo")

4.5 "的"を用いる名詞句(2)——「形容詞＋"的"＋名詞」

形容詞や形容詞句は助詞の"的"を伴い，名詞を修飾して名詞句（連体修飾構造）をつくることができる。

王府井 是 一 个 非常 热闹 的 地方。
Wángfǔjǐng shì yí ge fēicháng rènao de dìfang.
〔王府井（北京随一の繁華街）は大変賑やかなところです。〕

我 想 吃 地道 的 上海 菜。
Wǒ xiǎng chī dìdao de Shànghǎi cài.
〔私は本場の上海料理が食べたい。〕

※副詞の修飾を受けない裸の形容詞が「形容詞＋"的"＋名詞」のかたちで用いられると，一般に，対比の意味を含む。⇒「文法ミニ・レクチャー その1 形容詞述語文の意味と構造」(p.31)

近 的 地方 不 想 去，远 的 地方 去不了。
Jìn de dìfang bù xiǎng qù, yuǎn de dìfang qùbuliǎo.
〔近いところへは行きたくないが，遠いところへは行くことができない。〕

練習3 次の日本語を中国語に訳しなさい。
(1) これが最も〔最 zuì〕よい方法〔方法 fāngfǎ〕である。
(2) 彼女は非常に高い携帯電話〔手机 shǒujī〕を1台〔款 kuǎn〕買いたいと思っている。
(3) 面白いものは読みたいが，面白くないものは読みたくない。

4.6 能願動詞"想"

動詞の前に用いて，「～したい」という願望や欲求を表す。

她 想 参观 首都 博物馆。
Tā xiǎng cānguān Shǒudū Bówùguǎn.
〔彼女は首都博物館を参観したいと思っている。〕

我　今天　不　想　骑　车。
Wǒ jīntiān bù xiǎng qí chē.

[私は今日は自転車に乗りたくない。]

4.7　疑問詞 "怎么" (1)

動詞の前に用いて，動作のやり方を問う。「どう；どのように」。

去　故宫　怎么　走？［故宫へはどう行きますか？］
Qù gùgōng zěnme zǒu?

西瓜　怎么　切？［スイカはどう切りますか？］
Xīguā zěnme qiē?

4.8　語気助詞 "呢" (1) ── 疑念の提示

当否疑問文を除く疑問文（正反疑問文，選択疑問文，疑問詞疑問文）の文末に語気助詞の "呢" を用い，「はて～だろう（か）？」と疑念を抱く気持ちを表す。

怎么　办　呢？
Zěnme bàn ne?

　［どうしたらいいのだろうか？］

他　为什么　不　吃饭　呢？
Tā wèishénme bù chīfàn ne?

　［彼はどうしてご飯を食べないのだろうか？］

※疑念の気持ちを表す "呢" を用いて相手に問い掛けると，質問が婉曲になり，語気をやわらげる効果をもつ。

我　去，你　去　不　去　呢？
Wǒ qù, nǐ qù bú qù ne?

　［私は行きますが，あなたはいらっしゃいますか？］

4.9 疑問数詞 "几"

量詞を伴い「"几"＋量詞」のかたちで用い，数量や順序を問う。

(1) 基数（計量数）としての用法

答えの上限が10以下であることを予測して「いくつ？」と問うときに用いる。

"小朋友，　你 几 岁？" "七 岁"
"Xiǎopéngyou, nǐ jǐ suì?" "Qī suì."

［「坊や（お嬢ちゃん），いくつ？」「七歳だよ。」］

"服务员，我 要 绍兴酒。" "要 几 瓶？"
"Fúwùyuán, wǒ yào shàoxīngjiǔ." "Yào jǐ píng?"

［「すみません，紹興酒がほしいのですが。」「何本いりますか？」］

(2) 序数としての用法

上限が明らかな，閉じた集合を対象に，問題の人や事物が何番目にあたるかをたずねるときに用いる。

"你 住 几 楼？" "十五 楼。"
"Nǐ zhù jǐ lóu?" "Shíwǔ lóu."

［「あなたは何階に住んでいますか？」「15階です。」］

"她 每天 坐 几 路 公交车？" "坐 808 路。"
"Tā měitiān zuò jǐ lù gōngjiāochē?" "Zuò bā líng bā lù."

［「彼女は毎朝何番の路線バスに乗るのですか？」「808番です。」］

> **練習4** 次の日本語を中国語に訳しなさい。
> (1)「あなたは牛乳を何杯飲みますか？」「3杯です。」
> (2)「彼は何頭牛を飼っていますか？」「9頭です。」

▪ 数の表現

I.「数詞」について
数詞は基数と位数からなる。
　　基数：一 yī 二 èr 三 sān 四 sì 五 wǔ 六 liù 七 qī 八 bā 九 jiǔ
　　　　　两 liǎng 几 jǐ
　　位数：十 shí 百 bǎi 千 qiān 万 wàn 亿 yì

(1) 1から10まで

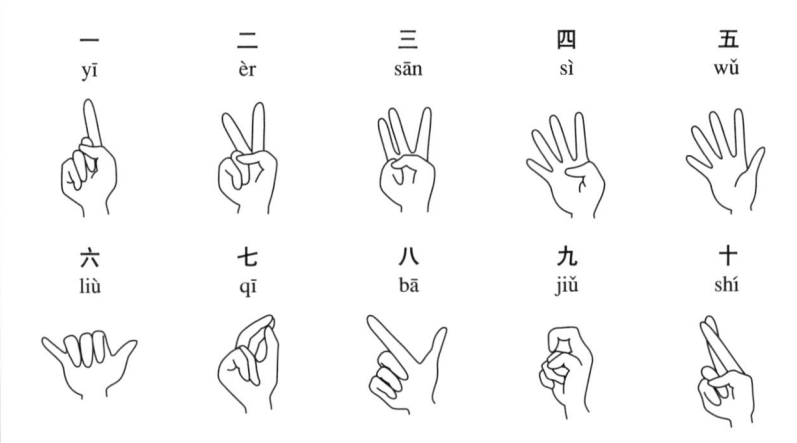

一	二	三	四	五
yī	èr	sān	sì	wǔ

六	七	八	九	十
liù	qī	bā	jiǔ	shí

(2) 11以上の数
基本的には日本語のそれに近いが，いくつか異なる点もある。

十一	十二	十三	十四	十五	十六	十七	十八	十九	二十
shíyī	shí'èr	shísān	shísì	shíwǔ	shíliù	shíqī	shíbā	shíjiǔ	èrshí

二十一	二十二	二十三	二十四	二十五	二十六	二十七	二十八	二十九	三十
èrshiyī	èrshi'èr	èrshisān	èrshisì	èrshiwǔ	èrshiliù	èrshiqī	èrshibā	èrshijiǔ	sānshí

……

九十一	九十二	九十三	九十四	九十五	九十六	九十七	九十八	九十九	一百
jiǔshiyī	jiǔshi'èr	jiǔshisān	jiǔshisì	jiǔshiwǔ	jiǔshiliù	jiǔshiqī	jiǔshibā	jiǔshijiǔ	yìbǎi

一百 零 一　　一百 零 二 ……　　　　　　　　　一百 一（十）
yìbǎi líng yī　yìbǎi líng èr　　　　　　　　　　yìbǎi yī (shí)

一百 一十一　　一百 一十二 ……　　　　　　　　一百 二（十）
yìbǎi yīshiyī　yìbǎi yīshi'èr　　　　　　　　　　yìbǎi èr (shí)

……

二百 零 一　　二百 零 二 ……　　　　　　　　　二百 一（十）
èrbǎi líng yī　èrbǎi líng èr　　　　　　　　　　èrbǎi yī (shí)

……

一千 零 一 ……　一千 零 一十 ……　一千 一（百）……　一千 二（百）……
yìqiān líng yī　yìqiān líng yīshí　yìqiān yī (bǎi)　yìqiān èr (bǎi)

两千 零 二 ……　两千 零 二十 ……　两千 二（百）……
liǎngqiān líng èr　liǎngqiān líng èrshí　liǎngqiān èr (bǎi)

两万 零 二 ……　两万 零 二十 ……　两万 零 二百 ……
liǎngwàn líng èr　liǎngwàn líng èrshí　liǎngwàn líng èrbǎi

两万 二（千）……　　　　　　两万 二千 零 二（22,002）……
liǎngwàn èr (qiān)　　　　　liǎngwàn èrqiān líng èr

两万 二千 零 二十（22,020）……　两万 二千 二（百）（22,200）……
liǎngwàn èrqiān líng èrshí　liǎngwàn èrqiān èr (bǎi)

两亿 （200,000,000）
liǎngyì

【注意点】
(1) 日本語では「十」・「百」・「千」の前の「一」は通常省略されるが，中国語の3桁以上の数字では，位数の前の"一"を省略することはできない。
　　516　=　五百一十六 wǔbǎi yīshíliù
　　1,111　=　一千一百一十一 yìqiān yībǎi yīshiyī
(2) 「2」で始まる2桁以上の数については，以下のような規則がある。
　　(A) "十"の前では必ず"二"を用いる。(例)「27」="二十七"）
　　(B) "百"の前では一般に"二"を用いる。(例)「207」="二百零七"）
　　(C) "千"，"万"，"亿"の前では一般に"两"を用いる。(例)「2007」
　　　　="两千零七"

(3) 3桁以上の数字で途中の桁が跳ぶ場合（例えば「207」や「2007」），必ず"零 líng"を用いる。cf. 第5課「❣時刻の表現」

(4) 「120」や「2,200」のように，途中の桁が跳ばない3桁以上の数字で，末尾が位数で終わる場合には，その位数を省略できる（上記一覧表を参照）。

Ⅱ．"一"yi の変調について
　　"一"は次のように3種類の声調で発音される

(1) 後ろに第1声・第2声・第3声の音節が続くとき⇒ yì（第4声）

　　一　根　　头发　［一本の髪の毛］
　　yì　gēn　tóufa

　　一　条　　鱼　［一匹の魚］
　　yì　tiáo　yú

　　一　把　　菜刀　［一本の包丁］
　　yì　bǎ　càidāo

(2) 後ろに第4声の音節が続くとき⇒ yí（第2声）

　　一　辆　　自行车　［一台の自転車］
　　yí　liàng　zìxíngchē

　　一　件　　衣服　［一着の服］
　　yí　jiàn　yīfu

(3) 序数表現（順序の表現）や末尾に用いるとき⇒ yī（第1声）

　　第一　天　［第一日目；初日］
　　dìyī　tiān

　　一　月　一　号　［1月1日］
　　yī　yuè　yī　hào

　　十　一　［国慶節；10月1日の中華人民共和国建国記念日］
　　Shí　yī

第 5 課　逛大栅栏

《鼻音を伴う母音》

an	ang	en	eng
ian	iang	in	ing
(yan)	(yang)	(yin)	(ying)
uan	uang	uen	ueng, ong
(wan)	(wang)	(wen)	(weng)
üan		ün	iong
(yuan)		(yun)	(yong)

Lǐ Tóng: Zhèi tiáo jiēshang yǒu hěn duō hǎowánr de dìfang ne. Guòqù Běijīng zuì yǒumíng de fàndiàn、cházhuāng、yǐngyuàn、xìyuán、yàodiàn dōu zài zhèi tiáo jiēshang, kěyǐ mǎnzú rénmen chī hē wán lè de suǒyǒu xūyào.

Xiǎosēn: "Cházhuāng" shì shénme dìfang?

Lǐ Tóng: "Cházhuāng" jiù shì mài cháyè de.

Xiǎosēn: Nà "xìyuán" ne?

Lǐ Tóng: "Xìyuán" jiù shì tīngxì de dìfang. Xiànzài měi ge xīngqītiān de xiàwǔ liǎng diǎn hái yǒu xiàngsheng biǎoyǎn ne.

李童：这条街上有很多好玩儿的地方呢。过去北京最有名的饭店、茶庄、影院、戏园、药店都在这条街上，可以满足人们吃喝玩乐的所有需要。

小森："茶庄"是什么地方？

李童："茶庄"就是卖茶叶的。

小森：那"戏园"呢？

李童："戏园"就是听戏的地方。现在每个星期天的下午两点还有相声表演呢。

語　釈

    guàng　逛　［動詞］ぶらつく；散歩する；見物する。
1　zhèi　这　［指示詞］⇒学習のポイント 5.2
    jiē　街　［名詞］通り；街。
    -shang　上　［方位詞］〜のところ；〜の辺り。⇒学習のポイント 5.3
    yǒu　有　［動詞］⇒学習のポイント 5.4
    duō　多　［形容詞］多い。
    hǎowánr　好玩儿　［形容詞］（遊んで）おもしろい。
    ne　呢　［語気助詞］⇒学習のポイント 5.5
    guòqù　过去　［時間詞］過去；昔；以前。
    yǒumíng　有名　［形容詞］有名である；著名である。
2　fàndiàn　饭店　［名詞］レストラン；食堂。
    cházhuāng　茶庄　［名詞］茶葉を売る店；茶問屋。
    yǐngyuàn　影院　［名詞］映画館
    xìyuán　戏园　［名詞］劇場；芝居小屋。
    yàodiàn　药店　［名詞］薬局；薬屋。
3　kěyǐ　可以　［能願動詞］⇒学習のポイント 5.6
    mǎnzú　满足　［動詞］満足する；満足させる。
    rénmen　人们　［名詞］人びと。
    chī hē wán lè　吃喝玩乐　食べ飲み遊び楽しむ；酒食遊楽する。
    de　的　［助詞］⇒学習のポイント 5.7
    suǒyǒu　所有　［属性詞］すべての；あらゆる。
    xūyào　需要　［名詞］必要；欲求；要求。
5　mài　卖　［動詞］売る；販売する。
    cháyè　茶叶　［名詞］茶葉。
    de　的　［助詞］⇒学習のポイント 5.7
6　nà　那　［指示詞］本来は指示詞で「それ；あれ」という意味を表すが（→学習のポイント 3.3），ここでは接続詞的に用いられ，前の文脈を受け

て「それでは」という意味を表す。

 ne 呢 ［語気助詞］⇒学習のポイント5.8

7 tīngxì 听戏 ［動詞］芝居を見る。◆"听"は本来「聞く」という意味であるが，中国の旧劇は一種の歌劇であるため，これを観劇することを"听戏"と表現する。

 xiànzài 现在 ［時間詞］現在；いま。

 měi 每 ［指示詞］どの～（も）；いずれの～（も）；～ごと。◆〈"每"（+数詞）+量詞+名詞〉の形で用い，特定の集合に属するメンバーの一つ一つを個別にもれなく指し示す。

 ge 个 ［量詞］専用の量詞を持たない名詞に対して汎用される一般的な量詞。例："一个人 yí ge rén"［ひとりの人］；"三个世界 sān ge shìjiè"［三つの世界］

 xīngqītiān 星期天 ［時間詞］日曜日。⇒本課末「❣曜日の表現」(p.71)

 xiàwǔ 下午 ［時間詞］午後。⇒第15課「❣主な時間詞」(p.192)

8 liǎng 两 ［数詞］⇒学習のポイント5.9

 diǎn 点 ［量詞］～時（じ）。⇒本課末「❣時刻の表現」(p.72)

 hái 还 ［副詞］（ある状態・状況がそのままで変化していないことを表し）まだ；依然として；相変らず。

 xiàngsheng 相声 ［名詞］漫才。◆"说唱 shuōchàng"［説唱（せっしょう）］と呼ばれる語りと歌いからなる民間文芸の一つで，華北地方に淵源を持つ。ひとりまたは複数によって演じられる。

 biǎoyǎn 表演 ［動詞］上演する；実演する。

学習のポイント

5.1 鼻音を伴う母音

中国語には鼻音を伴う母音が二種類あり，ピンインではこれを -n と -ng によって区別している。日本人は普段この二つを意識して区別することはないが，実は無意識のうちにこれを発音し分けている。例えば「ア<u>ン</u>ナイ（案内）」という時，「ン」は舌先を上の歯茎の辺りにぴたりとつけて発音される（[n]）。一方，例えば「ア<u>ン</u>ガイ（案外）」という時には，舌先はどこにも触れず，舌のつけ根だけを持ち上げて声を鼻に抜きながら「ン」を発音している（[ŋ]）。この二つの音こそ中国語の -n と -ng に相当する。

日本人にとって両者を意識して区別することはそれほど容易ではないが，-n は舌の前面部を上の歯茎から歯の裏側にぴったりと密着させて発音するとうまく発音できるだろう。一方 -ng は，直前の母音を発音した後，唇の形を変えないように注意しつつ，舌を口の下の方に沿わせながら後ろに引っ張ってくるとよい。そうすると自然と舌のつけ根が持ち上がり，声が鼻に抜けていく。

(1) **主母音＋** -n/ng

- an 「ア」を明るくはっきり発音したあと，舌の前面部を上の歯に押しつけるようにして [n] を発音する。「アンナイ（案内）」という時の「アン」に近い。[an]
- ang やや暗く深めの「ア」のあとに，声を鼻に抜くようにして [ŋ] を発音する。「アンガイ（案外）」という時の「アン」に近い（a は ng に引っ張られて，暗く深めの音色をもつ）。[ɑŋ]
- en 口を半開きにしたまま，あいまいな「エ」（[ə]）を発音したあと，舌の前面部を上の歯に押しつけるようにして [n] を発音する（e は n に引っ張られて，やや前よりの「エ」に近い音色をもつ）。[ən]
- eng 口を半開きにしたまま，ノドの奥で「ウ」（[ɤ]）を発音したあと，声を鼻に抜くようにして [ŋ] を発音する（e は ng に引っ張られて，本来の e に近い音色をもつ）。[ɤŋ]

(2) **介音 i をもつもの**
　　ian (yan)　　「ィエン」のように発音し，最後に舌の前面部を上の歯に押しつける。a が前後の音に影響されて「エ」([ɛ]) になる。表記に引きずられて「ィアン」とならないように注意。[iɛn]
　　iang (yang)　「ィアン」のように発音し，最後に声を鼻に抜く。a は i の影響で本来の位置よりやや前よりに発音されるものの，ng が後に続くために ian の時のような [ɛ] にはならない。[iaŋ]
　　in (yin)　　口を横に引いて「イ」を発音したあと，舌の前面部を上の歯に押しつけるようにして [n] を発音する。[in]（ただし，第3声ではあいまい母音の[ə]の音色が聞こえることがあり，[iᵊn]のように発音される）
　　ing (ying)　口を横に引いて「イ」を発音したあと，声を鼻に抜くようにして [ŋ] を発音する。[ɪŋ]

(3) **介音 u をもつもの**
　　uan (wan)　　唇を丸く前につきだして「ウ」を発音し，直後に an を続ける。[ŭan]
　　uang (wang)　唇を丸く前につきだして「ウ」を発音し，直後に ang を続ける。[ŭɑŋ]
　　uen (wen)　　「ウ」と舌の前面部を上の歯に押しつける「ン」([n]) の間に，あいまいな「エ」([ə]) を挟み込む。「ウェン」のような発音になる。[uᵊn]
　　ueng (weng), ong　　ueng は実際にはこの形式では現れず，常に頭子音がない weng で現れる。唇を丸く前につきだして「ウ」を発音し，直後に eng を続ける。「ウォン」に近い。[uɤŋ]
　　　　　　　　逆に ong は常に頭子音を伴う形で現れる。唇を丸めてノドの奥から「オ」を発音し，最後に声を鼻に抜く。[ʊŋ]

(4) **介音 ü をもつもの**
　　üan (yuan)　ü を発音したあとに an を続ける。「ュアン」に近い。[yɛn]
　　ün (yun)　　ü と舌の前面部を上の歯に押しつける「ン」([n]) の間に，

iong (yong)	あいまいな「エ」([ə])をごく軽く短く挟み込む。[yᵊn] 軽く「イ」を発音したあとに ong を続ける。「ィヨン」に近い。[ɤᵒŋ] (iong は表記上，介音 i を持つもののように見えるが，音韻論的には üeng と解釈されるものであるから，いまこの分類に置く)	

5.2 指示詞からなる名詞句 ――「指示詞＋数詞＋量詞＋名詞」

「この～」「あの～」「どの～」と，指示詞を用いて人や事物を指し示すときは，指示詞の"这""那""哪"を「数詞＋量詞＋名詞」(→学習のポイント 4.4) にかぶせて，「指示詞＋数詞＋量詞＋名詞」のかたちの名詞句を用いる。

数詞が"一"のとき，"一"はしばしば省略され，"这""那""哪"はそれぞれ zhèi, nèi, něi と発音される。

近称	遠称	不定称
[指示詞＋数詞＋量詞＋名詞]	[指示詞＋数詞＋量詞＋名詞]	[指示詞＋数詞＋量詞＋名詞]
这 (一) 条 街 zhè (yì) tiáo jiē zhèi tiáo jiē [この通り／この一本の通り]	那 (一) 条 街 nà (yì) tiáo jiē nèi tiáo jiē [あの通り／あの一本の通り]	哪 (一) 条 街 nǎ (yì) tiáo jiē něi tiáo jiē [どの通り／どの一本の通り]
这 两 个 人 zhè liǎng ge rén [この二人の人]	那 两 个 人 nà liǎng ge rén [あの二人の人]	哪 两 个 人 nǎ liǎng ge rén [どの二人の人]

◎名詞を省略して「指示詞＋数詞＋量詞」の組み合わせだけで用いることもできる。

"寄 信 在 几 号 窗口？" "就 这 (一) 个 (窗口)。"
"Jì xìn zài jǐ hào chuāngkǒu?" "Jiù zhè (yí) ge (chuāngkǒu)."
[「手紙を送るのは何番の窓口ですか？」「ここ（この窓口）です。」]

"我 买 这 本 书。你 呢？" "我 买 那 两 本。"
"Wǒ mǎi zhèi běn shū. Nǐ ne?" "Wǒ mǎi nà liǎng běn."
[「私はこの本を買いますが，あなたは？」「私はあの二冊を買います。」]

5.3 方位詞

「上，下，なか，そと，前，うしろ」などの空間を表すいくつかの語を「方位詞」という。方位詞には"上、里、后"のような単音節の類と，"上面、里边、后头"のような二音節の類がある。

(1) **単音節方位詞の用法**

「名詞（句）+方位詞」のかたちで，名詞のうしろに直接くっつけて用いる。

四合院儿 都 在 胡同儿里。［四合院はすべて胡同（横丁）の中にある。］
Sìhéyuànr dōu zài hútòngrli.

书架上 有 很 多 英文书。
Shūjiàshang yǒu hěn duō Yīngwénshū.
［本棚には多くの英文書がある。］

(2) **二音節方位詞の用法**

(a) 「名詞（句）+方位詞」のかたちで，名詞のうしろに直接くっつけて用いる。

邮局 在 书店 对面。［郵便局は本屋の向かいにある。］
Yóujú zài shūdiàn duìmiàn.

学校 后头 有 一 条 小溪。
Xuéxiào hòutou yǒu yì tiáo xiǎoxī.
［学校の裏には一筋の小川が流れている。］

(b) 単独で主語や目的語に用いる。

爸爸 在 前面，妈妈 在 后面。
Bàba zài qiánmian, māma zài hòumian.
［お父さんは前に，お母さんは後ろにいる。］

旁边儿 有 人 吗？［そばに誰か人がいますか？］
Pángbiānr yǒu rén ma?

練習1 方位詞を用いて，次の日本語を中国語に訳しなさい。
(1) 李童は待合室〔候车室 hòuchēshì〕（の中）にいる。
(2) 外は涼しく〔冷 lěng〕，中は暖かい〔暖和 nuǎnhuo〕。
(3) 上の荷物〔行李 xíngli〕の中には何が入って〔有 yǒu〕いますか？
(4) あなたの右側はどなたですか？

5.4 存在を表す動詞 "有"

人や事物の存在を述べたてるとき（つまり，特定の空間や時間に「(誰か人が）いる；(なにか事物が）ある」という意味を表す場合），存在動詞の"有"を用いる。場所や時間の表現は主語の位置におき，存在する人や事物は目的語の位置におく。

主語（S）	述語		
	副詞	動詞（V）	目的語（O）
〔場所・時間〕 …には		"有" いる・ある	〔存在する人・物〕 〜が
外边儿 wàibianr 〔外には人がひとりいる。〕		有	一 个 人。
学校 〔学校にもプールがある。〕	也	有	游泳池 yóuyǒngchí。
明天 晚上 míngtiān wǎnshang 〔明日の夜は音楽会がある。〕		有	音乐会 yīnyuèhuì。

※(1) 非存在を表すには動詞"没有 méiyǒu"を用いる。"不有"とはいわない。

　　杯子里　没有　水。
　　Bēizili　méiyǒu shuǐ.
　　〔コップ（の中）には水が入っていません。〕

(2) "没有"＋名詞は，"有"を省略して"没"＋名詞の形で用いることもできる。

練習2 次の文を中国語に訳しなさい。
(1) 机〔桌子 zhuōzi〕の上にたくさんの本があります。
(2) 1階には書店〔书店 shūdiàn〕が2軒〔家 jiā〕あります。
(3) この辺りにおもしろいところはありません。
(4) 学校〔学校 xuéxiào〕の中に食堂〔食堂 shítáng〕はありますか？

5.5　語気助詞"呢"(2) ── 現状確認

語気助詞の"呢"は平叙文の文末に用いられて，現状や既存の事実を相手に訴え，確認させようとする気持ちを表す。

你 的　眼镜　在　　桌子上　　呢。
Nǐ de yǎnjìng zài zhuōzishang ne.
　［君のメガネはテーブルの上にあるよ。］

现在　　才　七　点　钟，时间　还　早　呢。
Xiànzài cái qī diǎn zhōng, shíjiān hái zǎo ne.
　［いまようやく7時ですよ。時間はまだ早いじゃないですか。］

5.6　能願動詞"可以"

動詞の前に用いて，「(客観的条件が備わっていて) 〜できる；〜してよい；すればよい」という意味での可能性を表す。

大家　都　可以　提　意见。
Dàjiā dōu kěyǐ tí yìjiàn.
　［みんな誰でも意見を述べることができる。］

这儿　可以　抽烟。
Zhèr kěyǐ chōuyān.
　［ここではタバコを吸ってもよい。］

練習3　次の文を中国語に訳しなさい。
(1) あなたは明日〔明天 míngtiān〕来ることができますか？
(2) 彼女が行ってもいいし，あなたが行ってもよい。
(3) バスに乗ってもかまいませんよ。
(4) ラクダ〔骆驼 luòtuo〕は何日も〔几天 jǐ tiān〕水〔水 shuǐ〕を飲まないでもいられる。

5.7 "的"を用いる名詞句(3) ── 「動詞＋"的"＋名詞」

動詞や動詞句は助詞の"的"を伴い，名詞を修飾して名詞句（連体修飾構造）をつくることができる。

去年　回国　的　人　不　多。［去年帰国した人は多くない。］
Qùnián huíguó de rén bù duō.

这　是　昨天　买　的　书。［これは昨日買った本です。］
Zhè shì zuótiān mǎi de shū.

さらに，名詞，代名詞，動詞または形容詞の後ろに"的"を添えて，「～のモノ／人；～なモノ／人；～するモノ／人」という意味の，事物や人を指す名詞句をつくることができる（〈名詞／代名詞／動詞／形容詞＋"的"〉。→学習のポイント 2.6, 4.5)。

"这　件　行李　是　谁　的？"　"是　老徐　的。"
"Zhèi jiàn xíngli shì shéi de?" "Shì Lǎo-Xú de."
［「この荷物は誰のですか？」「徐さんのものです。」］

现在　唱　的　是　《东方红》。
Xiànzài chàng de shì «Dōngfānghóng».
［いま歌っているのは「東方紅」（現代中国の著名な革命歌）です。］

西瓜　大的　甜，小的　不　甜。
Xīguā dà de tián, xiǎo de bù tián.
［スイカは大きいのが甘く，小さいのは甘くない。］

練習4 次の日本語を中国語に訳しなさい。
(1) これはわたしが買ったばかり〔刚 gāng〕のスカーフ〔围巾 wéijīn〕です。
(2) 現在，四合院に住んでいる人は多いですか？
(3) 今日は切符売り場〔售票点 shòupiàodiǎn〕に行列している〔排队 páiduì〕人はいない。
(4) 粥〔粥 zhōu〕は飲む〔喝 hē〕物であって，食べる物ではない。

5.8 疑問文(3)——"呢"を用いる省略疑問文

述語を省略し，質問の対象となる人や事物のあとに語気助詞の"呢"を添えて，「～は？」と尋ねるかたちの疑問文を「省略疑問文」という。

"我 认识 李 童。你 呢？" "我 不 认识。"
"Wǒ rènshi Lǐ Tóng. Nǐ ne?" Wǒ bú rènshi."
〔「私は李童を知っています。あなたは？」「私は知りません。」〕

哥，我 昨天 买 的 书 呢？
Gē, wǒ zuótiān mǎi de shū ne?
〔お兄ちゃん，私が昨日買った本は？（どこにあるの？／どこにあるか知らない？）〕

5.9 数詞「2」

「2」を表す数詞には"二"と"两"があり，次のように使い分けられる。
(1) 1桁の数として用いられる場合．
  (あ) 基数（計量数）として「2つ」(two)を意味するときは"两"。

    两 个 孩子〔二人の子供〕   两 张 车票 〔二枚の乗車券〕
    liǎng ge háizi   liǎng zhāng chēpiào

  (い) 序数として「2番目」(second)を意味するときは"二"。

李　童　在　二　楼。［李童は 2 階にいる。］
Lǐ Tóng zài èr lóu.

你　看　第二　页。［2 ページをご覧なさい。］
Nǐ kàn dì'èr yè.

今天　二　月　二　号。［今日は 2 月 2 日です。］
Jīntiān èr yuè èr hào.

(2) 2桁以上の数の末位に用いられるときは"二"。

我们　班　有　三十二　个　学生。
Wǒmen bān yǒu sānshi'èr ge xuésheng.

［私たちのクラスには学生が 32 人います。］

(3) "十"の前に用いられるときは"二"。

三　月　二十一　号［3 月 21 日］
sān yuè èrshiyī hào

主な方位詞

	なか	そと	うえ	した	まえ	うしろ	ひだり	みぎ	そば	むかい
	里 lǐ	外 wài	上 shàng	下 xià	前 qián	后 hòu	左 zuǒ	右 yòu		
-边(儿) -bian(r)	里边	外边	上边	下边	前边	后边	左边	右边	旁边 pángbiān(r)	
-头 -tou	里头	外头	上头	下头	前头	后头				
-面 -mian	里面 lǐmiàn	外面	上面	下面	前面	后面	左面 zuǒmiàn	右面 yòumiàn		对面 duìmiàn

曜日の表現

月曜日	星期一 xīngqīyī	金曜日	星期五 xīngqīwǔ
火曜日	星期二 xīngqī'èr	土曜日	星期六 xīngqīliù
水曜日	星期三 xīngqīsān	日曜日	星期天（日） xīngqītiān (rì)
木曜日	星期四 xīngqīsì		

「何曜日？」と尋ねるときには"星期几（xīngqījǐ）?"という。

❣ 時刻の表現

時刻は「数詞＋量詞」の組み合わせによって表現される。用いる量詞は「時, 分, 秒」を表す"点 diǎn", "分 fēn", "秒 miǎo"であるが, 表現の基本は日本語と変わらない（(1), (2)……等を付した箇所については以下の説明を参照）。

4：00　　四　点　（钟）[1]
　　　　　sì diǎn (zhōng)

5：02　　五　点　零[2]　二　分
　　　　　wǔ diǎn líng   èr fēn

6：15　　六　点　十五　分；六　点　一　刻[3]
　　　　　liù diǎn shíwǔ fēn；liù diǎn yí kè

7：30　　七　点　三十　分；七　点　半
　　　　　qī diǎn sānshí fēn；qī diǎn bàn

8：45　　八　点　四十五　分；八　点　三　刻[3]；差[4]　一　刻　九　点
　　　　　bā diǎn sìshiwǔ fēn；bā diǎn sān kè ；chà yí kè jiǔ diǎn

2：22　　两　点[5]　二十二　分
　　　　　liǎng diǎn èrshi'èr fēn

〜日本語との違い〜
(1) 毎正時をいう時には"钟 zhōng"[鐘]を付けることがある。(「数詞＋量詞＋名詞」構造)
(2) 「分」が一桁の場合は, 十の桁が跳んでいるという意味で, しばしば"零 líng"を用いる。
(3) "刻 kè"は「四分の一時間」, 即ち15分を表す。45分は"三刻"となる。
(4) 「何分前」という時には「足りない；欠けている」という意味の動詞"差 chà"を用いる。"差一刻九点"は「9時15分前」という意味であるし,「10時57分」は"差三分十一点"となる。
(5) 「2時」という時には序数「二 èr」ではなく基数（計量数）「两 liǎng」を用いる（→学習のポイント5.9）。なぜなら"两点钟"とは元来「鐘二つ」（を打つ時刻）を表すからである。

文法ノート①

「名詞句の構造」

1 名詞連接による名詞句
　(a) 名詞＋名詞：
　　　日本 菜，　　爱情 小说，　　中国 老师，　　英文 报纸
　　　Rìběn cài,　àiqíng xiǎoshuō,　Zhōngguó lǎoshī,　Yīngwén bàozhǐ
　　　[日本料理]，　[恋愛小説]，　[中国人教師]，　[英字新聞]
　(b) 名詞＋空間名詞／方位詞：
　　　学校 附近，　我 这儿，　椅子 旁边儿，　食堂 里边，
　　　xuéxiào fùjìn,　wǒ zhèr,　yǐzi pángbiānr,　shítáng lǐbian,
　　　[学校の近く]，　[私のところ]，　[イスの傍ら]，　[食堂の中]，
　　　书架上，　　　教室里
　　　shūjiàshang,　jiàoshìli
　　　[本棚の上]，　[教室の中]

2 代名詞からなる名詞句（代名詞＋親族名称／所属先）：
　　　我 妈妈，　他 哥哥，　你 女朋友，　你 家，
　　　wǒ māma,　tā gēge,　nǐ nǚpéngyou,　nǐ jiā,
　　　[私の母]，　[彼の兄]，　[君の彼女]，　[あなたの家]，
　　　你们 班
　　　nǐmen bān
　　　[あなた達のクラス]

3 "的"を用いる名詞句
　(a) 名詞／代名詞＋"的"＋名詞：
　　　孩子 的 照片，　他 的 行李，　鲁迅 的 小说，
　　　háizi de zhàopiàn,　tā de xíngli,　Lǔ xùn de xiǎoshuō,
　　　[子供の写真]，　[彼の荷物]，　[魯迅の小説]，
　　　瓶子 的 容量
　　　píngzi de róngliàng
　　　[瓶の容量]
　(b) 動詞＋"的"＋名詞：
　　　回国 的 人，　学 汉语 的 时间，　来 图书馆 的 人
　　　huíguó de rén,　xué Hànyǔ de shíjiān,　lái túshūguǎn de rén
　　　[帰国した人]，　[中国語を勉強する時間]，　[図書館に来る人]

(c) 形容詞＋"的"＋名詞：
非常　热闹 的 地方，　　十分　幸福 的　　生活
fēicháng rènao de dìfang,　shífēn xìngfú de shēnghuó
［非常に賑やかな場所］，　　［とても幸せな生活］

(d) 名詞／代名詞／動詞／形容詞＋"的"：
学校　的，　　　　我 的，　　　　　学 日语 的，
xuéxiào de,　　　wǒ de,　　　　xué Rìyǔ de,
［学校のもの］，　［私のもの］，　［日本語を学んでいる人］，
生　的
shēng de
［熟れていないもの］

4　数量詞からなる名詞句（数詞＋量詞［＋名詞］）：
一　个　［人］，　　五　位　［老师］，　三　把　［钥匙］，
yí ge ［rén］,　　wǔ wèi ［lǎoshī］,　sān bǎ ［yàoshi］,
［一人（の人）］，［五名（の先生）］，［三本（の鍵）］，
四　条　［皮带］
sì　tiáo ［pídài］
［四本（の革ベルト）］

5　指示詞からなる名詞句（指示詞＋数詞＋量詞［＋名詞］）：
这（一）个 ［人］，　　　那　五　位 ［老师］，
zhè（yí）ge ［rén］,　　nà wǔ wèi ［lǎoshī］,
［この（一人の）（人）］，［あの五名（の先生）］，
这　三　把 ［钥匙］，　　哪（一）个 ［人］
zhè sān bǎ ［yàoshi］,　nǎ（yí）ge ［rén］
［この三本（の鍵）］，　［どの（一人の）（人）］

発音のまとめ

1 音節の構造
中国語の音節は以下の構造からなる。

音節				声調	
声母（頭子音）	韻母				
	介音	主母音	韻尾		
		a		1	→ 啊
t		a		1	→ 他
t	i	e		3	→ 铁
t		a	o	2	→ 桃
t	i	a	o	4	→ 跳

2 韻母表

	-i	a	e	ai	ei	ao	ou	an	en	ang	eng
i (yi)		ia (ya)	ie (ye)			iao (yao)	iou (you)	ian (yan)	in (yin)	iang (yang)	ing (ying)
u (wu)		ua (wa)	o,uo (wo)	uai (wai)	uei (wei)			uan (wan)	uen (wen)	uang (wang)	ueng,ong (weng)
ü (yu)			üe (yue)					üan (yuan)	ün (yun)		iong‹üeng› (yong)

※なお，この他に er が存在する。

3 主母音の優先順位
韻母が複数の母音（複母音）からなる場合，主母音の位置を占める母音には次のような優先順位がある。

$$a > \begin{matrix} o \\ e \end{matrix} > \begin{matrix} i \\ u \\ ü \end{matrix}$$

例えば，a と他の母音の組み合わせでは，常に a が主母音になり（ao, ua, iao など），o と u や，o と i の組み合わせでは，o が主母音になる（ou, iou）。
なお，声調記号は原則として主母音の上につける。

4 声調記号のつける場所
  (1) 母音の上に
  (2) 複母音の場合は,
      - a があれば, a の上に。
      - a がなければ, o か e の上に。
      - o も e もなければ, i, u, ü の上に。
      - i と u が並べば, 後ろの方に。(iǔ, uǐ)
  (3) i の上に声調記号をつける時は, "・"を省略して記号をつける。(ī, í, ǐ, ì)

5 ピンインの書き換え
  (1) i, u, ü の書き換え
      音節が声母（頭子音）をもたず, i, u, ü で始まる場合は, 次のような書き換えをおこなう。
      ① i, u, ü の後に母音がない場合
          i は yi に書き換える　　 : i → yi　　　 in → yin　　 ing → ying
          u は wu に書き換える 　　: u → wu
          ü は yu に書き換える 　　: ü → yu　　　 ün → yun
      ② i, u, ü の直後に母音が続いて複母音をなす場合
          i は y に書き換える 　　: ia → ya　　 iao → yao　　 ian → yan
                                   iang → yang
          u は w に書き換える 　　: ua → wa　　 uo → wo　　 uan → wan
          ü は yu に書き換える 　　: üe → yue　　 üan → yan
  (2) ü の "¨" の省略
      声母（頭子音）j-, q-, x- の直後に ü が続く時は "¨" を省略して u と綴る。
  (3) o と e の省略
      iou, uei, uen の前に声母（頭子音）がある時は, o と e を省略して, それぞれ iu, ui, un と綴る。
          n ＋ iou → niu
          t ＋ uei → tui
          l ＋ uen → lun

6 e の音声ヴァリエーション
  単独の e, er, eng, en, 子音＋e　……あいまい音（[ɤ] または [ə]）で発音する。
  ie, ei, üe　　　　　　　　　　　……「エ」（[ɛ] または [e]）で発音する。

7 r化の発音
　(1)　花儿 huār［花］　猫儿 māor［ネコ］　歌儿 gēr［歌］　错儿 cuòr［食い違い；誤り］
　　　　　　　　　　　　　　　　　　　　→そのまま舌を巻き上げる
　(2)　玩儿 wánr［遊ぶ］　盘儿 pánr［大皿］　　　　→ -n が脱落する
　(3)　小孩儿 xiǎoháir［子供］　一块儿 yíkuàir［一緒に；同じところ］
　　　　　　　　　　　　　　　　　　　　→ -i が脱落する
　(4)　事儿 shìr［こと；ことがら］　食儿 shír［えさ］
　　　　　　　　　　　　→ i を［ɤ］（単母音 e と同音）で発音する
　(5)　空儿 kòngr［空き時間；隙間］　响儿 xiǎngr［発された音を数える量詞］
　　　　　　　　　　　　→ -ng が脱落し，韻母全体が鼻音化する
　この結果，例えば"神儿 shénr"［顔つき；表情］と"食儿 shír"は同音となる。
8 音節表（巻末別表）

第二单元　现代北京的诱惑　XIÀNDÀI BĚIJĪNG DE YÒUHUÒ

第6課　一卡通

Xiǎosēn:	Nǐ huì kāichē ma?
Lǐ Tóng:	Huì shì huì, búguò píngshí bú dà kāi.
Xiǎosēn:	Wèishénme ne?
Lǐ Tóng:	Wǒ xǐhuan zuò dìtiě. Hěn fāngbiàn, érqiě hěn piányi.
Xiǎosēn:	Yì zhāng piào duōshao qián?
Lǐ Tóng:	Kě piányi le, zhǐ yào liǎng kuài qián.
Xiǎosēn:	Zhème piányi! Tài xiànmù nǐ le!
Lǐ Tóng:	Gōnggòng qìchē gèng piányi. Yòng zhèi zhāng kǎ, yì zhāng piào cái sì máo qián.
Xiǎosēn:	Wǒ kànkan, kěyǐ ma?
Lǐ Tóng:	Kěyǐ ya, zhè jiào "Yì kǎ tōng".
Xiǎosēn:	Zài nǎr néng mǎidào ne? Wǒ yě xiǎng mǎi yì zhāng.
Lǐ Tóng:	Wǒ dài nǐ qù.

小森：你会开车吗？

李童：会是会，不过平时不大开。

小森：为什么呢？

李童：我喜欢坐地铁。很方便，而且很便宜。

小森：一张票多少钱？

李童：可便宜了，只要两块钱。

小森：这么便宜！太羡慕你了！

李童：公共汽车更便宜。用这张卡，一张票才四毛钱。

小森：我看看，可以吗？

李童：可以呀，这叫"一卡通"。

小森：在哪儿能买到呢？我也想买一张。

李童：我带你去。

語　釈

　　xiàndài　现代　［名詞］現代；当世。
　　yòuhuò　诱惑　［動詞］魅惑する；とりこにする；引きつける。
1　huì　会　［能願動詞］⇒学習のポイント 6.1
　　kāichē　开车　［動詞］車を運転する。◆"开"は「（乗り物や・機械などを）運転する」という意味の動詞で，本来は〈動詞＋目的語〉構造。
2　～ shì ～　～是～　［動詞］⇒学習のポイント 6.2
　　búguò　不过　［接続詞］だが；ただ；しかし。
　　píngshí　平时　［時間詞］普段；日頃；日常。
　　bú dà ～　不大～　あまり～でない；さほど～しない。◆形容詞や動詞の前に用いて，部分否定を表す。
3　wèishénme　为什么　［疑問副詞］（理由や原因の問いに用い）なぜ。⇒第13課文法ノート5「疑問詞いろいろ」（p.174）
4　xǐhuan　喜欢　［動詞］（～を）好む；好きである。
　　dìtiě　地铁　［名詞］地下鉄。
　　fāngbiàn　方便　［形容詞］便利である；適している；都合がよい。
　　érqiě　而且　［接続詞］その上；さらに。◆ある事柄についてそれがある範囲にとどまらず，さらに累加されることを表す。
5　zhāng　张　［量詞］～枚；～台。◆紙状のものや平面部を持った家具などを数えるのに用いる。
　　piào　票　［名詞］切符；チケット。
　　duōshao　多少　［疑問数詞］⇒学習のポイント 6.3
6　kě ～ le　可～了　⇒学習のポイント 6.4
　　zhǐ　只　［副詞］ただ（～だけ）；わずかに。
　　kuài　块　［量詞］元。◆中国の通貨単位の一つ。話し言葉で"块"といい，書き言葉では"元"（または"圆"。発音はともに yuán）と表記する。⇒本課末「💬金銭の表現」（p.89）
7　zhème　这么　［指示詞］⇒学習のポイント 6.5

tài ~ le　太～了　⇒学習のポイント 6.4

xiànmù　羡慕　［動詞］羨む；羨ましく思う。

8　gèng　更　［副詞］さらに；いっそう。

yòng　用　［動詞］用いる；使う；使用する。

kǎ　卡　［名詞］カード。◆"卡片 kǎpiàn"［（各種の）カード］の略語。

cái　才　［副詞］わずかに～；たった～。◆〈"才"＋数量表現〉の形で用いて，数量の少なさを表す。

máo　毛　［量詞］角。◆これも中国の通貨単位の一つ。話し言葉で"毛"といい，書き言葉では"角 jiǎo"と表記する。⇒本課末「♥金銭の表現」（p.89）

10　jiào　叫　［動詞］（名前を）～という。cf. 第 1 課「姓名の尋ね方，名乗り方」（p.19）

Yī kǎ tong　一卡通　［固有名詞］IC カード乗車券。◆"一卡通"は共通乗車カード・電子マネー等の機能を持つ非接触型 IC カードの総称。ここでは北京市内で使われる"北京市政交通一卡通 Běijīng Shìzhèng Jiāotōng Yīkǎtōng"を指す。

11　zài　在　［前置詞］⇒学習のポイント 6.7

néng　能　［能願動詞］⇒学習のポイント 6.8

mǎidào　买到　（商品があり）買う；買える。◆"买"は「買う」という意味の動詞で，"到"は求める対象や目標にたどり着くことを表す。〈動詞＋結果補語〉の構造。⇒学習のポイント 6.9

12　dài　带　［動詞］引き連れる；案内する。◆〈"带"＋人＋動詞句〉の形で「人を引き連れて～する」という意味を表す。⇒学習のポイント 9.3

学習のポイント

6.1 能願動詞 "会" (1)

動詞の前に用いて,「(技能を会得して) 〜できる;(巧みに) 〜できる」という意味での可能性を表す。

广东　　人会讲　普通话　吗？
Guǎngdōng rén huì jiǎng pǔtōnghuà ma?
［広東の人たちは共通語が話せますか？］

她　很　会　说话。［彼女は弁が立つ］
Tā hěn huì shuōhuà.

練習1 次の文を中国語に訳しなさい。
(1) 君はサッカーができるんですよね？〔サッカーをする：踢足球 tī zúqiú〕
(2) 彼女はとても気配りのできる人だ。〔気配りをする：照顾人 zhàogu rén〕
(3) あなたは泳げ〔游泳 yóuyǒng〕ますか？
(4) 彼は本当に演技がうまい。〔演技する：演戏 yǎnxì〕

6.2 譲歩的認定を表す "〜是〜"

同一の語句を "是" で結びつけ,「X + "是" + X」のかたちで用いて,「確かに〜は〜なのだが」と, 事実を譲歩的に認める意味を表す。逆接表現の前置きとして用いる。

产品　好是好，可是　真　贵　呀！
Chǎnpǐn hǎo shì hǎo, kěshì zhēn guì ya!
［品物はいいことはいいが, しかしなんて高いんだ！］

能　是　能，就是　太　麻烦　了。
Néng shì néng, jiùshì tài máfan le.

　　［できることはできるが，とても面倒だ。］

6.3　疑問詞"多少"
　答えの上限が予想しにくい集合を対象に，「いくつ？」あるいは「何番？」と，数量や序数を問う。単独で用いることも，名詞と直接結びついて用いることも，さらには，量詞を伴って用いることもできる。

你　买　多少？
Nǐ mǎi duōshao?

　　［あなたはいくつ買いますか？］

小红　　认识　多少　汉字？
Xiǎohóng rènshi duōshao hànzì?

　　［シャオホンは漢字をいくつ知っていますか？］

你　的　房间　是　多少　号？
Nǐ de fángjiān shì duōshao hào?

　　［あなたの部屋は何号室ですか？］

6.4　程度強調の"了"
　語気助詞の"了"は，"太","可","最"などの副詞と呼応して用いられて，程度が極まって高いという気持ちを表す（「"太～了"」で「ものすごく；あまりにも（～すぎる）」の意）。

他　可　热情　了。
Tā kě rèqíng le.

　　［彼はとっても優しいのよ。］

这　个　办法　最　好　了。
Zhèi ge bànfǎ zuì hǎo le.

　　［この方法が一番いいんだ。］

这 条 裤子 太 长 了。
Zhèi tiáo kùzi tài cháng le.
〔このズボンは長すぎる。〕

練習2 次の文を中国語に訳しなさい。
(1) これはあまりにも大きいよ。
(2) あなたに心から感謝いたします〔感谢 gǎnxiè〕。
(3) 最近〔最近 zuìjìn〕あまりに忙しい〔忙 máng〕から，あなたのところへ行くことはできません〔去不了 qùbuliǎo〕。
(4) この問題〔问题 wèntí〕は一番複雑〔复杂 fùzá〕だ。

6.5 指示詞(3) —— 程度・方式を指す指示詞 "这么" "那么"

(1) 形容詞の前に用い，性質や様態の程度を指す。「こんなに；このように；これくらい」「あんなに；あのように；あれくらい」。

你 看, 那 个 孩子 那么 乖!
Nǐ kàn, nèi ge háizi nàme guāi!
〔ほら，あの子はあんなに聞き分けがいい！〕

你 不 能 喝 这么 多 酒。
Nǐ bù néng hē zhème duō jiǔ.
〔こんなにたくさんお酒を飲んではいけないよ。〕

◎ "这么"・"那么" に対応して性質や様態の程度を問う疑問詞には "多么 duōme" または "多 duō" を用いる。

上海 离 北京 多 远?
Shànghǎi lí Běijīng duō yuǎn?
〔上海は北京からどれくらいの遠さですか？〕

(2) 動詞の前に用いて，動作のやり方や方法を指す。「こう；このように」「ああ；あのように」。

中药　不　能　那么　吃。
Zhōngyào bù néng nàme chī.
［漢方薬はあんなふうに飲んではいけない。］

◎"这么"・"那么"に対応して動作のやり方や方法を問う疑問詞には"怎么"を用いる。→学習のポイント 4.7

近称	遠称	疑問詞（不定称）	
		程度	方法
这么 zhème	那么 nàme	多(么) duō(me)	怎么 zěnme
コンナニ コノヨウニ	ソンナニ ソノヨウニ	アンナニ アノヨウニ	ドンナニ ドノヨウニ

6.6 動詞の重ね型

動詞の重ね型は次のような場合に用いられる。

(1) 動作を生き生きとした動きとして描写する場合。

他　伸伸　舌头，说："真　危险！"
Tā shēnshen shétou, shuō: "Zhēn wēixiǎn!"
［彼はぺろりと舌を出して，「おお，危ない！」と言った。］

(2) 試みとして動作行為を実際に行ってみるという意味を表す場合。

你　尝尝　吧！
Nǐ chángchang ba!
［ひとつ召し上がってみてください］

咱们　休息休息　吧。
Zánmen xiūxixiuxi ba.
［わたしたち，ちょっと休んでみましょう。］

◎(1)も(2)も後の方の動詞は軽声に近く発音される。
◎単音節の動詞を重ねるときは，"尝一尝"のようにがあいだに"一"が割り込むこともある。

6.7　前置詞"在"
場所表現を伴い，動作行為の行なわれる場所を示す。「〜で；〜において」。

主語（S）	述語			
	副詞	前置詞句	動詞（V）	目的語（O）
我		在 图书馆 túshūguǎn	看	书 shū。
	［私は図書館で本を読む。］			
他们	也	在 宿舍 sùshè	等 děng	你。
	［彼らも宿舎であなたを待つ。］			
父母 fùmǔ	都	在 北京	打工 dǎgōng。	
	［両親はどちらも北京で（臨時の）仕事をしている。］			

6.8　能願動詞"能"
動詞の前に用いて，「（潜在的な能力が備わっていたり，客観的な障壁がなくて）〜できる；〜してもよい；〜してもかまわない」という意味での可能性を表す。

中国　哪些　地方　的　人　最　能　喝酒？
Zhōngguó nǎ xiē dìfang de rén zuì néng hē jiǔ?
［中国ではどこの人が一番お酒が強いですか？］

这　种　蘑菇　能　吃。
Zhèi zhǒng mógu néng chī.
［この種類のキノコは食べることができる。］

会　游泳　的　人　都　能　报名。
Huì yóuyǒng de rén dōu néng bàomíng.
［泳げる人であれば，誰でも参加登録してかまわない。］

|練習3|　【学習のポイント 5.6】と【学習のポイント 6.1】を参照しながら，次の各文の（　）に"会"，"可以"，"能"のうちのいずれか適当なものを一つ入れなさい。
(1)　我认为这本书很好，你（　）看看。("认为 rènwéi"［～と思う］)
(2)　孩子没户口（　）上学吗？("户口 hùkǒu"［戸籍］，"上学 shàngxué"［学校に行く；通学する］)
(3)　二胡、小提琴，他都（　）拉。("二胡 èrhú"［胡弓］，"小提琴 xiǎotíqín"［ヴァイオリン］，"拉 lā"［弾く］)

6.9　結果補語

動詞の直後にくっついて，動作・行為がもたらす結果を表す成分を「結果補語」という。結果補語には，形容詞や，変化を表す自動詞が用いられる。

［動詞＋結果補語］

吃　饱　　（食ベル＋満腹デアル→）腹一杯食べる
chībǎo

洗　干净　（洗ウ＋清潔デアル→）きれいに洗う
xǐgānjìng

染　红　　（染める＋赤い→）赤く染める
rǎnhóng

看　完　　（見ル＋終ワル→）見終わる
kànwán

看　见　　（見ル＋見エル→）見える
kànjiàn

推　开　　（押ス＋開ク→）押し開ける
tuīkāi

◎(1) 結果補語を伴う動詞は，すでに起こった動作・行為を表す場合には，一般に動詞接尾辞の"了"や語気助詞の"了"と一緒に用いられる。(→学習のポイント 7.6, 8.5)

 他 打破了 一 扇 玻璃窗。
 Tā dǎpòle yí shàn bōlichuāng.

 ［彼は窓ガラスを一枚叩き割った。］

 我 走累 了。
 Wǒ zǒulèi le.

 ［私は歩き疲れた。］

(2) 結果補語を伴う動詞の否定には一般に"没(有)"を用いる。(→学習のポイント 11.5)

 我 已经 喝完 了。他 还 没 喝完。
 Wǒ yǐjing hēwán le. Tā hái méi hēwán.

 ［私はもう飲み終わったが，彼はまだ飲み終わっていない。］

❣金銭の表現

金銭の表現は，貨幣の単位を量詞として用い，「数詞＋量詞＋"钱 qián"」のかたちで表す。"钱"は「金 money」を意味する名詞であるが，しばしば省略される。

中国の貨幣の単位は，十進法で，上から"圆 yuán"、"角 jiǎo"、"分 fēn"の3段階に分かれる。ただし，話し言葉では一般に"圆"と"角"を用いず，"块 kuài"と"毛 máo"を用いる。

話し言葉： 两　块　（钱）
　　　　　　liǎng kuài (qián)
　　　　　　[2元（の金）]
　　　　　　十五　块　三　毛　八　分　（钱）
　　　　　　shíwǔ kuài sān máo bā fēn (qián)
　　　　　　[15元3毛8分（の金）]

書き言葉： 十一　圆　六　角　九　分　（钱）
　　　　　　shíyī yuán liù jiǎo jiǔ fēn (qián)
　　　　　　[11元6角9分（の金）]

　◎(1) 直近の単位が続く場合，末尾の単位は省略できる。
　　　　五　块　三　毛　＝　五　块　三
　　　　五　块　三　分　≠　五　块　三
　(2) 直近の単位が続かない場合，しばしばあいだに"零 líng"を用いる。
　　　　五　块　零　三　分

第 7 課　地铁

Xiǎosēn:　Zhè dìtiě zhàn jiànde zhēn piàoliang.

Lǐ Tóng:　Zhè shì qùnián gāng jiànchéngde.

Xiǎosēn:　Wǒ tīngshuō zǎo gāofēng de shíhou, dìtiěli jǐde yàomìng.

Lǐ Tóng:　Shì hěn jǐ, búguò bǐ yǐqián hǎoduōle. Jiǔshí niándài mò Běijīng hái zhǐ yǒu liǎng tiáo dìtiě xiàn, xiànzài yǐjing yǒu shíliù tiáo le.

Xiǎosēn:　Běijīng fāzhǎnde tài kuài le.

Lǐ Tóng:　Xiànzài Běijīng hěn duō de "kāichē zú" dōu biànchéng "dìtiě zú" le. Nǐ ne? Nǐ měitiān qù xuéxiào de shíhou, kāichē háishi zuò dìtiě?

Xiǎosēn:　Wǒ jiā lí xuéxiào hěn jìn, Wǒ chángcháng qí zìxíngchē shàngxué.

小森：这地铁站建得真漂亮。

李童：这是去年刚建成的。

小森：我听说早高峰的时候，地铁里挤得要命。

李童：是很挤，不过比以前好多了。九十年代末北京还只有两条地铁线，现在已经有十六条了。

小森：北京发展得太快了。

李童：现在北京很多的"开车族"都变成"地铁族"了。你呢？你每天去学校的时候，开车还是坐地铁？

小森：我家离学校很近，我常常骑自行车上学。

語　釈

1. zhàn　站　［名詞］駅；停留所。◆"车站 chēzhàn"に同じ。
   jiàn　建　［動詞］建てる；建設する。
   -de　-得　［助詞］⇒学習のポイント 7.1
2. qùnián　去年　［時間詞］昨年；去年。
   gāng　刚　［副詞］いましがた；たったいま；〜したばかり。◆近接過去を表す。
   jiànchéng　建成　建設して完成させる；完成する。◆〈動詞＋結果補語〉の構造。"成"は「形をなす；仕上がる」という意味の動詞で、結果補語として用いられた場合、「〜して完成させる；〜し上げる」という意味になる。下文"变成"も参照。
   de　的　［助詞］⇒学習のポイント 7.2
3. tīngshuō　听说　［動詞］人が〜というのを耳にする；聞くところによると〜；話によれば〜。
   zǎo gāofēng　早高峰　朝のラッシュアワー。◆"早"は"早上 zǎoshang"の意味で「朝」を表し、"高峰"（本来は「頂点；最高潮；ピーク」）は"高峰时间 shíjiān"、即ち「ラッシュアワー」を表す。
   〜 de shíhou　〜的时候　⇒学習のポイント 7.3
   jǐ　挤　［動詞］押し合いへし合いする；込み合うなかを押し分ける。
   yàomìng　要命　［形容詞］ひどい；はなはだしい；たまらない。◆様態補語に用いて程度のはなはだしさを表す。
4. shì　是　［動詞］確かに〜である。◆動詞述語文や形容詞述語文において、述語の前に用いられ、ストレスを置いて発音される"是"は、「確かに〜である；〜する」という強い断定の気持ち表す。
   jǐ　挤　［形容詞］窮屈である；混み合っている。
   bǐ　比　［前置詞］⇒学習のポイント 7.4
   -duōle　-多了　⇒学習のポイント 7.5
   niándài　年代　［名詞］年代；時代；時世。

mò　末　［名詞］〜の末；終わり。◆単独では用いられず，季節や時期を表すことばの後ろにくっついて用いられる。

hái　还　［副詞］まだ；やはり；依然として。◆ある状態・状況がそのままで変化していないことを表す。

5　dìtiě xiàn　地铁线　地下鉄線；地下鉄の路線。◆"条"は"(地铁)线"を数える量詞として用いられている。

yǐjing　已经　［副詞］既に；もう。

le　了　［語気助詞］⇒学習のポイント 7.6

6　fāzhǎn　发展　［動詞］発展する。

7　kāichē zú　开车族　マイカー族。

biànchéng　变成　変えて〜にする；〜に変わる。◆上文"建成"と同じく〈動詞＋結果補語〉の構造。こちらの"成"は「〜になる；変わる」の意味であり，結果補語として用いられると，「(…して)〜になる；〜に変わる」という意味になる。

dìtiě zú　地铁族　地下鉄族。

8　měitiān　每天　［時間詞］毎日；日ごと。

xuéxiào　学校　［名詞］学校。

háishi　还是　［接続詞］⇒学習のポイント 7.7

9　lí　离　［前置詞］〜から；〜まで。◆隔たりの基(準)点を示す。例："离春节 Chūnjié 只有两个星期。"［春節まで２週間しかない。］

jìn　近　［形容詞］近い。

chángcháng　常常　［副詞］よく；しばしば；しょっちゅう。

qí　骑　［動詞］（馬・自転車・バイク等にまたがって）乗る。

zìxíngchē　自行车　［名詞］自転車。

shàngxué　上学　［動詞］学校へ行く；登校する。◆"上"はある目的地に行くこと。

> 学習のポイント

7.1　様態補語

「動詞＋"得"」のうしろに用いて，動作・行為の特徴や性質についての評価を表す成分を「様態補語」という。様態補語には，形容詞または形容詞句が用いられる。

主語	（動詞＋）目的語	動詞＋"得"	様態補語
孩子 Háizi		长得 zhǎngde	很　快。 hěn kuài.
［子どもの成長はとても早い。］			
他 Tā	（说）　法语 (shuō) Fǎyǔ	说得 shuōde	多　流利　啊！ duō liúlì a!
［彼はフランス語がなんて流暢なんだ！］			

※否定文の場合は，様態補語の形容詞を"不"で否定する。

　　他　（说）　法语　说得　不　流利。
　　Tā (shuō) Fǎyǔ shuōde bù liúlì.
　　［彼のフランス語は流暢ではない。］

練習 1　下の□の語群のなかから適当な形容詞句を選び，(1)から(3)の文を様態補語をもつ文として完成させなさい。

(1) 我爸爸 走_____。
(2) 她 写 汉字 写_____。
(3) 小王 拉 (lā) 二胡 (èrhú) 拉_____。

```
不 好看、　非常 快、　很 好听
```

練習2 次の日本語を，様態補語を用いて中国語に訳しなさい。
(1) 彼女は泳ぐ〔游 yóu〕のがとても早い〔快 kuài〕。
(2) 彼は中国語をとてもまじめに〔认真 rènzhēn〕勉強している。
(3) 私は油絵を描く〔画 油画 huà yóuhuà〕のがうまくない。
(4) ご飯をあまり早く食べ過ぎてはいけない。

7.2 "的"構文

助詞の"的"を動詞の直後に用い，実現済みであることが確認されている動作行為について，〈時間〉・〈場所〉・〈動作者〉・〈相手〉あるいは〈手段〉など，いずれか一点を特に取り立て，その動作行為が，いつ・どこで・誰が・誰と，あるいは何によって行なわれたものであるかを改めて説明したり，尋ねたりする文を「"的 de"構文」という。

"她 在 哪儿 买的 那 本 书？" "她 在 王府井 买的。"
"Tā zài nǎr mǎide nèi běn shū?" "Tā zài Wángfǔjǐng mǎide."
［「彼女はどこであの本を買ったのですか？」「王府井で買ったのですよ。」］

谁 弄坏的 教室 的 门？
Shéi nònghuàide jiàoshì de mén?
［誰が教室の扉を壊したのか？］

"你 今天 早上 吃的 什么？" "我 吃的 豆腐脑儿。"
"Nǐ jīntiān zǎoshang chīde shénme?" "Wǒ chīde dòufunǎor."
［「きみは今朝何を食べたんだい？」「僕は豆腐脑を食べたよ。」（"豆腐脑儿"…豆乳をにがりで固め，調味料などを加えて食す軽食）］

◎(1) 取り立てる要素の前に"是"が用いられることもある。

<u>是</u> 谁 弄坏的 教室 的 门？

(2) 否定文では必ず"是"を用い，"不是～的"のかたちになる。

"你 在 工府井 买的 吧？"
"Nǐ zài Wángfǔjǐng mǎide ba?"
"我 不 是 在 王府井 买的。"
"Wǒ bú shì zài Wángfǔjǐng mǎide."
〔「あなたは王府井で買ったのでしょう？」「私は王府井で買ったのではありません。」〕

練習3 次の文を"的"構文を用いて中国語に訳しなさい。
(1)「あなたはどこで乗車した〔上 shàng〕のですか？」「私は前門で乗ったのです。」
(2)「誰があなたに〔给你 gěi nǐ〕セーター〔毛衣 máoyī〕を編ん〔织 zhī〕でくれたのですか？」
(3)「李童はいつ〔什么时候 shénmeshíhou〕あのシャツ〔衬衫 chènshān〕を買ったのですか？」「昨年〔去年 qùnián〕買ったのですよ。」("衬衫"の量詞は"件")
(4)「私は図書館で本を読んでいたのではありません。」

7.3 "～的时候"

「節＋"的"＋"时候"」のかたちで，文頭や述語の前に用い，「～するとき；～したとき」という意味を表す。

我 回家 的 时候，菜 都 凉 了。
Wǒ huíjiā de shíhou, cài dōu liáng le.
〔私が家に帰ってきたとき，料理はすっかり冷めていた。〕

我 爱人 走 的 时候，我 去 车站 送 他。
Wǒ àiren zǒu de shíhou, wǒ qù chēzhàn sòng tā.
〔夫が出発するとき，私は彼を見送りに駅へ行った。〕

7.4 前置詞 "比"

名詞を伴い，形容詞述語の前に用いて，比較の基準を示す。「～よりも」。

主語	述語	
	前置詞句	形容詞
我	比 他	矮 ǎi。
［私は彼よりも背が低い。］		
她 的 哥哥	比 我 的	大。
［彼女の兄はうちの（兄）よりも年上である。］		

※比較差の量を表す表現は形容詞の後ろに置く。

　　我　比　他　矮　五　公分。
　　Wǒ bǐ tā ǎi wǔ gōngfēn.
　　［私は彼よりも5センチメートル背が低い。］

　　李童　比　小森　大　几　岁？
　　Lǐ Tóng bǐ Xiǎosēn dà jǐ suì?
　　［李童さんは小森さんよりも何歳年上か？］

7.5 比較差を強調する "～多了"

形容詞の後ろに用い，比較の結果の差が大きいことを表す。「ずっと；はるかに」。

　　小红　　近来　乖多了。
　　Xiǎohóng jìnlái guāiduōle.
　　［シャオホンは近ごろうんともの分かりがよくなった。］

　　东京　的　人口　比　京都　多多了。
　　Dōngjīng de rénkǒu bǐ Jīngdū duōduōle.
　　［東京の人口は京都よりずっと多い。］

7.6 新事態の出現を表す"了"

語気助詞の"了"は文末に用いられて，ある事態が発話の場や問題の場面にとって新たな変化として生じたことを表す。

我 饿 了。［私はお腹が減った。］
Wǒ è le.

长途 汽车 到 太原 了。
Chángtú qìchē dào Tàiyuán le.

［長距離バスが太原（山西省の省都）に到着した。］

毛毛 今年 七 岁 了。［マオマオは今年7歳になった］
Máomao jīnnián qī suì le.

◎「"不"＋動詞／形容詞＋"了"」のように，述語が"不"で否定されている文の末尾に"了"が用いられる場合は，「"不"＋動詞」や「"不"＋形容詞」の意味する事態が新たな変化として生じたことを表し，動作の中止（「～しなくなる」）や現状の変更（「～ではなくなる」）を意味する。

他 不 抽烟 了。［彼はタバコを吸わなくなった。］
Tā bù chōuyān le.

明天 我 不 休息 了。［明日私は休まないことにした。］
Míngtiān wǒ bù xiūxi le.

天 不 冷 了。［気候が寒くなくなった。］
Tiān bù lěng le.

7.7 疑問文(4) ── 選択疑問文

「("是") X, "还是" Y」のかたちで複数の述語または節を提示し，「X か，それとも Y か？」と，選択的に事柄を問う疑問文を「選択疑問文」という。

咱们 （是） 去 前门, 还是 去 王府井 ?
Zánmen (shì) qù Qiánmén, háishi qù Wángfǔjǐng?

［私たちは前門に行きますか，それとも王府井に行きますか？］

(是)地铁 便宜，还是 公共 汽车 便宜？
(Shì) Dìtiě piányi, háishi gōnggòng qìchē piányi?
［地下鉄が安いですか，それとも路線バスが安いですか？］

※動詞が"是"から成る述語が選択疑問文の選択肢に用いられる場合は，"是是"のように"是"を連続して用いない。連続する"是"は一つに融合させて，次のように表現する。

这里 是 卖 茶叶 的，还是 卖 酒 的？
Zhèli shì mài cháyè de, háishi mài jiǔ de?
(×这里 是 是 卖 茶叶 的，还是 是 卖 酒 的？)
［ここは茶葉を売っているところか，それともお酒を売っているところか？］

練習4　次の文を選択疑問文をもちいて中国語に訳しなさい。
(1) 彼女は学校にいますか，それとも家〔家 jiā〕にいますか？
(2) あなたが泳ぐのが速いですか，それとも彼が速いですか？
(3) 北京で仕事〔工作 gōngzuò〕を探す〔找 zhǎo〕つもり〔打算 dǎsuan〕ですか，それとも上海で探すつもりですか？
(4) 彼が壊したのですか，それとも彼女が壊したのですか？

7.8　連動文

複数の動詞または動詞句が直接結びついて一つの述語を構成している文を「連動文」という。「連動文」では，緊密に関連して行なわれる複数の動作行為を，ひとまとまりのセットをなす出来事として捉える。

他 去（图书馆）借 书。［彼は本を借りに（図書館に）行く］
Tā qù (túshūguǎn) jiè shū.
　　　動詞(句)₁　　動詞句₂
　　　〔移動　＋　目的〕

我　打　电话　　告诉　她。〔私は電話をかけて彼女に知らせる。〕
Wǒ　dǎ　diànhuà　gàosu　tā.

　　　動詞(句)₁　　動詞句₂
　　　〔手段　＋　目的〕

練習5　次の日本語を中国語に訳しなさい。

(1) 私の家〔我家 wǒ jiā〕に遊び〔玩儿 wánr〕にいらっしゃい。

(2) 彼女はチベット〔西藏 Xīzàng〕へ旅行〔旅行 lǚxíng〕に行っています。

(3) 彼は筆〔毛笔 máobǐ〕で手紙〔信 xìn〕を書く〔写 xiě〕。（〜で＝〜を使って：用 yòng）

(4) 私は路線バスに乗って北海公園〔北海公园 Běihǎi gōngyuán〕へ行った。

第 8 課　北京有条金融街

Xiǎosēn:　Zěnme zài zhè zhàn xiàlai le?

Lǐ Tóng:　Chūle zhèi ge dìtiě zhàn, wǎng běi zǒu jǐ bǎi mǐ jiù shì Běijīng Jīnróngjiē. Wǒ xiǎng nǐ huì gǎn xìngqù de.

Lǐ Tóng:　Zǒujin zhè Jīnróngjiē, gǎnjué zěnmeyàng?

Xiǎosēn:　Zhèli yínháng tài duō le.

Lǐ Tóng:　Suǒyǐ jiào jīnróng yì tiáo jiē ma.

Xiǎosēn:　Jiànhǎo zhèi tiáo jiē yòngle duō cháng shíjiān?

Lǐ Tóng:　Shí duō nián ba. Yuánlái zhèli dōu shì hútòngr hé sìhéyuànr, méiyǒu shénme gāolóu.

Xiǎosēn:　Ai, zhè bú shì yí zuò gǔmiào ma?

Lǐ Tóng:　Shì ya. Zhèi tiáo jiēshang hái yǒu hěn duō zhèyàng de gǔ jiànzhù ne.

小森：怎么在这站下来了？

李童：出了这个地铁站，往北走几百米就是北京金融街。我想你会感兴趣的。

李童：走进这金融街，感觉怎么样？

小森：这里银行太多了。

李童：所以叫金融一条街嘛。

小森：建好这条街用了多长时间？

李童：十多年吧。原来这里都是胡同儿和四合院儿，没有什么高楼。

小森：哎，这不是一座古庙吗？

李童：是呀。这条街上还有很多这样的古建筑呢。

語 釈

tiáo 条 ［量詞］◆〈("一"＋)量詞＋固有名詞〉の形で｜～という名前の場所；～という名前の人物」という意味を表し，聞き手が知らない事物や人をはじめて話題の中に導入する。例："中国出了个毛泽东 Máo Zédōng。"［中国に毛沢東という人物が現れた。(「東方紅」の一節)］

1 zěnme 怎么 ［疑問副詞］⇒学習のポイント 8.1
xiàlai 下来 ［動詞］下ってくる；降りてくる。⇒学習のポイント 8.2
2 chū 出 ［動詞］出る。⇒学習のポイント 8.2
-le -了 ［動詞接尾辞］⇒学習のポイント 8.3
wǎng 往 ［前置詞］～(の方)に；～に向かって。◆場所表現を伴い，移動の方向を示す。
běi 北 ［方位詞］北。⇒学習のポイント 5.3
zǒu 走 ［動詞］進む；歩く。
jǐ 几 ［疑問数詞］⇒学習のポイント 8.4
mǐ 米 ［量詞］メートル。
jiù 就 ［副詞］…すると～；…なら～。⇒学習のポイント 13.2
Běijīng Jīnróngjiē 北京金融街 ［固有名詞］北京金融街 (Beijing Financial Street)。◆故宮の西，西二環路の内側に位置する再開発地区で，各種金融機関や監督部門の行政機関が集まる。
3 xiǎng 想 ［動詞］(節を目的語として)～と考える；～と思う。
huì ~ de 会～的 ⇒学習のポイント 8.5
gǎn xìngqù 感兴趣 興味を感じる；関心を覚える。
4 zǒujìn 走进 歩いて中に入る。◆〈動詞＋方向補語〉の構造。⇒学習のポイント 8.6
gǎnjué 感觉 ［動詞］感じる；思う。
5 yínháng 银行 ［名詞］銀行。
6 suǒyǐ 所以 ［接続詞］だから；したがって。◆因果関係を述べる際に，結果を述べる文(節)を導く接続詞として用いる。

ma　　嘛　　［語気助詞］⇒学習のポイント8.7
 7　jiànhǎo　建好　建設してきちんと完成させる；竣工する。◆〈動詞＋結果補語〉の構造。形容詞"好"は結果補語として用いられると，動作が首尾よく遂行されることを表す。
　　　duō　　多　　［副詞］どれくらい。◆多く単音節形容詞の前について，"多高 gāo"（高さ）・"多长 cháng"（長さ）・"多远 yuǎn"（距離）・"多重 zhòng"（重さ）などの形で，量を問う疑問表現を作る。
　　　cháng　长　　［形容詞］長い。
　　　shíjiān　时间　［名詞］時間。
 8　duō　　多　　［数詞］⇒学習のポイント8.8
　　　nián　　年　　［量詞］年；〜年間。
　　　yuánlái　原来　［副詞］当初；もともと。
　　　hé　　和　　［接続詞］〜と…。◆複数の名詞（句）を結びつけ，並列の関係を示す。なお，三つ以上の名詞（句）を結びつけるときは，最後の名詞（句）の前に"和"を用いる。例："我家有爸爸、妈妈、哥哥和我。"［わが家には父と母と兄と私がいます。］
 9　shénme　什么　［疑問名詞］⇒学習のポイント8.4
　　　gāolóu　高楼　［名詞］ビル。
10　ai　　哎　　［感嘆詞］（意外に思う気持ちを表し）おや；あれ。
　　　bú shì 〜 ma?　不是〜吗？　⇒学習のポイント8.9
　　　zuò　　座　　［量詞］山などの自然物やビルなどの建造物等を数える量詞。
　　　gǔmiào　古庙　［名詞］古い廟；古寺。
11　zhèyàng　这样　［指示詞］このような；そのような。⇒学習のポイント12.5
　　　gǔ　　古　　［形容詞］古い。
　　　jiànzhù　建筑　［名詞］建物；建築物。

学習のポイント

8.1 疑問詞 "怎么"(2)
動詞や形容詞の前に用いて，驚きやいぶかる気持ちを含みながら理由・原因を問う。「どうして；なんで」。

这 幅 画儿 怎么 这么 贵？
Zhèi fú huàr zěnme zhème guì?
［この絵はどうしてこんなに高いんだ？］

这 屋 的 空调 怎么 不 凉？
zhè wū de kōngtiáo zěnme bù liáng?
［この部屋のエアコンはどうして涼しくないんだ？］

8.2 方向動詞
人や事物の空間移動を表す次のような動詞を「方向動詞」という。

	进 jìn (入る)	出 chū (出る)	上 shàng (上る)	下 xià (下る)	回 huí (返る)	过 guò (越える)	起 qǐ (上がる)
来 lái	进来	出来	上来	下来	回来	过来	起来
去 qù	进去	出去	上去	下去	回去	过去	——

咱们 先 回去 吧！
Zánmen xiān huíqu ba!
［私たちは先に帰りましょうよ！］

天 黑 了，月亮 出来 了。
Tiān hēi le, yuèliang chūlai le.
［日が暮れて，月が昇ってきた。］

今天　水位　很　高。　过来　的　时候儿　小心　点儿！
Jīntiān shuǐwèi hěn gāo. Guòlai de shíhour xiǎoxīn diǎnr!

〔今日は水位が高いから，渡ってくる時には注意しなさいよ！〕

※(1) 話し手の立脚点に向かう移動を表す"来"〔来る〕と，話し手の立脚点から遠ざかる移動を表す"去"〔行く〕は，単独で用いることも，他の方向動詞の後ろにくっつけて用いることもできる。

　　　他　马上　就　来　呀。
　　　Tā mǎshàng jiù lái ya.

　　　〔彼はすぐに来るよ。〕

　　　他　马上　就　回来　呀。
　　　Tā mǎshàng jiù huílai ya.

　　　〔彼はすぐに帰ってくるよ。〕

(2) "来"と"去"以外の方向動詞は，一般に，単独では用いられない。

　　　×他　马上　就　回　呀。

練習1　次の文を中国語に訳しなさい。
　(1) おばあさん〔老奶奶 lǎonǎinai〕が乗ってきましたよ。君が立ちなさい。
　(2) 中に入ってもよろしいでしょうか？
　(3) お姉さんはバスに乗って帰ってくるんじゃないかな。

8.3　完了を表す"了"

　動詞接尾辞の"了"は動詞のあとに付き，動作や変化が問題の時点において〈すでに実現済みである〉こと，すなわち〈完了している〉ことを表す。

(1) "了"を伴う動詞の後ろに目的語が用いられる場合，動詞は一般に数量表現を伴うか，あるいは結果補語（→学習のポイント 6.9）を伴う。

她 买了 <u>三 张</u> 车票。
Tā mǎile sān zhāng chēpiào.
［彼女は三枚の乗車券を買った。］

他们 坐了 <u>一 个 晚上</u> 长途 汽车。
Tāmen zuòle yí ge wǎnshang chángtú qìchē.
［彼らは一晩，長距離バスに乗った。］ ※学習のポイント 10.7 を参照。

我 终于 买到了 那 款 手机。
Wǒ zhōngyú mǎidàole nèi kuǎn shǒujī.
［私はとうとうあの（タイプの）携帯電話を買った。］

◎動詞が数量表現や結果補語を伴わずに，「動詞＋"了"＋目的語」のかたちで文が終わるとしばしば不自然に感じられる。

×她 买了 车票。
×他们 坐了 长途汽车。

(2) 完了表現の否定形（すなわち，動作や変化が〈まだ実現済みでない〉ことを表す場合）は，動詞の前に"没有 méiyou"または"没 méi"を用い，"不"は用いない。ただし，"没有"や"没"で否定されている動詞には"了"を付け加えることはできない。

我 没（有） 买到 那 款 手机。
Wǒ méi(you) mǎidào nèi kuǎn shǒujī.
［私はまだあの（タイプの）携帯電話を買っていない。］

×我 没（有）买到<u>了</u> 那 款 手机。

(3) 完了表現を用いて正反疑問文（→学習のポイント10.6）をつくるときは，否定形の方の動詞と目的語を省略し，"没有"だけを残す。

你 <u>买到了 那 款 手机</u> 没有 <s>买到 那 款 手机</s>？
　　　肯定形　　　　　　　　否定形

(4) 新たな変化や新事態の出現を表す語気助詞の"了"（→学習のポイント7.6）と動詞接尾辞の"了"は同音異義語であり，意味が異なる。

練習2　次の文を"了"を使って中国語に訳しなさい。
(1) 私は昨日スーパーで〔超市 chāoshì〕でリンゴ〔苹果 píngguǒ〕を2個買った。
(2) 彼女は今日デパート〔百货大楼 bǎihuòdàlóu〕でマフラー〔围巾 wéijīn〕を一本〔条 tiáo〕買った。
(3) さっき〔刚才 gāngcái〕李童は財布〔钱包 qiánbāo〕を一つ拾った〔捡 jiǎn〕。
(4) 私は手紙〔信 xìn〕を書き終わって〔写完 xiěwán〕いない。

8.4　疑問詞の不定称用法

疑問詞疑問文以外の文で用いられる"什么""谁""哪里"などの疑問詞は，不定の事物や人や場所を表す語として用いられ，「なにか」「だれか」「どこか」などの意味を表す。

你　想　吃　点儿　什么　吗？
Nǐ xiǎng chī diǎnr shénme ma?
〔何か少し食べたいですか？〕

咱们　去　哪儿　散散　心　吧。
Zánmen qù nǎr sànsan xīn ba.
〔気晴らしをしにどこかへ行きましょうよ。〕

8.5 能願動詞 "会" (2)

動詞の前に用いて，事態が起こり得る可能性や見込みを表す。「～するはずだ；～であろう」。

他 一定 会 成功。
Tā yídìng huì chénggōng.

［彼はきっと成功するだろう。］

这么 早 出发，不 会 迟到。
Zhème zǎo chūfā, bú huì chídào.

［こんなに早く出発すれば，遅れることはないはずだ。］

她 怎么 会 知道 的？
Tā zěnme huì zhīdao de?

［彼女がどうして知っているだろうか？］

練習3 次の文を中国語に訳しなさい。
(1) お父さんはきっと怒る〔生气 shēngqì〕に違いない。
(2) こんなに遅く（"晚 wǎn"）出発して，遅刻しないだろうか？
(3) 今ごろ彼が家にいるはずはない。
(4) 今日は雪が降り〔下雪 xià xuě〕そうだ。

8.6 方向補語

8.2 の方向動詞は「方向補語」として動詞の後ろに用いられ，動作の遂行とともに動作者や動作の対象が移動する方向を表すことができる。

我 父亲 给 我 寄来 一 张 机票。
Wǒ fùqin gěi wǒ jìlai yì zhāng jīpiào.

［父が私に航空券を一枚送ってきてくれる。］

汽车 往 这边 开过来 了。
Qìchē wǎng zhèbiān kāiguolai le.

［車はこっちに向かって走ってきた。］

梦弟　跑进　屋里　来　了。
Mèngdì pǎojìn wūli lai le.
[モンティが部屋の中に走り込んできた。]

※(1) 目的語が「移動する対象」である場合，それは"来／去"の前に置かれることも，後ろの置かれることも可能である。

买回　一　本　书　来
mǎihuí yì běn shū lai

买回来　一　本　书
mǎihuilai yì běn shū

[本を一冊買ってくる]

ただし，目的語が"来／去"の後ろに置かれるかたちは，移動がすでに完了している場合に限られる。命令表現や，これから行われようとしている動作の表現には，目的語が"来／去"の前に置かれるかたちが用いられる。

你们　派　一　个　人　来　救　我　吧！
Nǐmen pài yí ge rén lai jiù wǒ ba!

[誰か一人助けに派遣してください。]

×你们 派来 一 个 人 救 我 吧！

(2) 目的語が「場所」である場合，それは必ず"来／去"以外の方向補語の直後に置かれ，"来／去"の後ろには置かれない。

他　走出　房间　去　了。
Tā zǒuchū fángjiān qu le.

[彼は部屋を飛び出していった。]

×他 走出去 房间 了。

練習4　次の文を中国語に訳しなさい。
(1) 彼はすぐさま〔立刻 lìkè〕立ち〔站 zhàn〕上がった。
(2) 隣〔邻居 línjū〕のあの犬〔狗 gǒu；量詞は"条"〕が塀〔墙 qiáng〕の外から跳び〔跳 tiào〕こえてきた。
(3) 王さんは中庭〔院子 yuànzi〕に駆け込んで来た。
(4) 「誰がこのスカーフを買ってきてくれたんですか？」「お父さんが買ってきてくれたんですよ。」

8.7 語気助詞 "嘛"

語気助詞の"嘛"は平叙文の文末に用いられて、話し手の強い断定の気持ちを表す。「(言うまでもなく) 〜ではないか」。

我　本来　就　不　想　去　嘛。
Wǒ běnlái jiù bù xiǎng qù ma.
［もともと行きたくないって言ってるでしょ。］

今天　星期天　嘛，不用　上学。
Jīntiān xīngqītiān ma, búyòng shàngxué.
［今日は日曜日でしょ、学校に行かなくてもいいんだよ。］

8.8 概数を表す "〜多"

量詞の前または後ろに用いて、「〜余り」という多めの概数を表す。1未満の余りを表すときは、"〜多"を量詞の後ろに用いる。

十　多　个　月　［(十二, 三ヶ月を意味して) 十ヶ月余り］
shí duō ge yuè

一　个　多　月　［一ヶ月余り］
yí ge duō yuè

8.9 "不是~吗？"

"不是~吗？"は，文イントネーションの違いによって，質問表現にも反語表現にも用いられる。「~じゃないか；~ではないですか」。

(1) 文末が上昇イントネーションで発音されるときは質問を表す。

今天 这么 早 就 回来 了，你 不 是 说 今天 加班 吗？
Jīntiān zhème zǎo jiù huílai le, nǐ bú shì shuō jīntiān jiābān ma?
〔今日，こんなに早く帰ってくるなんて。今日は残業をするといっていたじゃないかい？〕

(2) 文末が下降イントネーションで発音されるときは反語を表す。

"别 客气！ 咱们 不 是 老朋友 吗？"
"Bié kèqi! Zánmen bú shì lǎopéngyou ma?"
〔「遠慮するなよ！ 僕たちは親友じゃないか！」〕

文法ノート②

文の4類型──伝達機能のタイプによる分類

1 平叙文──情報を伝えるための文

[肯定文]   [否定文]

我 去。
Wǒ qù.

我 不 去。
Wǒ bú qù.

她 来 了。
Tā lái le.

她 没(有) 来。
Tā méi(you) lái.

我 去过 北京。
Wǒ qùguo Běijīng.

我 没(有) 去过 北京。
Wǒ méi(you) qùguo Běijīng.

他 是 留学生。
Tā shì liúxuéshēng.

他 不 是 留学生。
Tā bú shì liúxuéshēng.

门票 很 贵。
Ménpiào hěn guì.

门票 不 贵。
Ménpiào bú guì.

2 疑問文──情報を求めるための文（→「文法ノート3」を参照）

3 命令文──行動や事物を要求するための文

小王, 你 来！
Xiǎo-Wáng, nǐ lái!

等 一会儿！
Děng yíhuìr!

别 抽烟！
Bié chōuyān!

4 感嘆文──感情を表出する文

多 漂亮！
Duō piàoliang!

第9課　北京有个什刹海

Lǐ Tóng: Nǐ zài xiǎng shénme? Yì liǎn bù gāoxìng de yàngzi, zěnme le?

Xiǎosēn: Wàimian xiàzhe yǔ ne. Zhèxià jīntiān nǎr yě qùbuliǎo le. Zhēn kěxī!

Lǐ Tóng: Méishìr, wǒ qǐng nǐ qù hē chá, hǎo ma?

Xiǎosēn: Yǒu nǐ dāng xiàngdǎo, gàn shénme dōu xíng.

Lǐ Tóng: Nà wǒmen zǒu ba.

Xiǎosēn: Zhèli de jiǔbā jiājiā dōu hěn yǒu tèsè.

Lǐ Tóng: Méi piàn nǐ ba. Zhèli shì Běijīng zuì yǒu rénqì de dìfang zhīyī, cóng lǎorén dào xiǎoháir dōu xǐhuan lái zhèli, yóuqí duì niánqīngrén lái shuō, zhèli yǐjing chéngwéi yì zhǒng xīn de xiūxián shíshàng.

Xiǎosēn: Wǒ yě xǐhuanshang zhèli le.

李童：你在想什么？一脸不高兴的样子，怎么了？
小森：外面下着雨呢。这下今天哪儿也去不了了。真可惜！
李童：没事儿，我请你去喝茶，好吗？
小森：有你当向导，干什么都行。
李童：那我们走吧。

小森：这里的酒吧家家都很有特色。
李童：没骗你吧。这里是北京最有人气的地方之一，从老人到小孩儿都喜欢来这里，尤其对年轻人来说，这里已经成为一种新的休闲时尚。
小森：我也喜欢上这里了。

語　釈

　　Shíchàhǎi　什刹海　［固有名詞］什刹海(じゅうさっかい)。◆旧北京城内にある三つの人造湖, "前海 Qiánhǎi"［前海］, "后海 Hòuhǎi"［後海］, "西海 Xīhǎi"［西海］の総称。湖の畔には, 名だたる王侯貴族, 有力者たちが邸宅を構えた。現在では"老北京"の風情を色濃く残す町として, 内外の観光客を集める一大観光スポットでもある。

1　zài　在　［副詞］～している；～しつつある。◆動作や出来事が現に実現している最中であることを示す。⇒『中国語Ⅱ』学習のポイント 9.4

　　shénme　什么　［疑問名詞］⇒学習のポイント 9.1

　　yì liǎn　一脸　顔中いっぱいの。◆〈"一"＋臨時量詞〉の構造。容器, 空間, 身体部位など表す名詞が数詞の"一"の後ろに続いて臨時的に量詞として用いられ,「～いっぱい」という満杯量を表す。例："爸爸给我留下了一箱子古籍。Bàba gěi wǒ liúxiale yì xiāngzi gǔjí."［父は私に箱いっぱいの古書を残してくれた。］

　　gāoxìng　高兴　［形容詞］うれしい；愉快である；楽しい。

　　yàngzi　样子　［名詞］形；表情；様子。

　　zěnme le　怎么了　どうしたの？◆動詞の前に用いる"怎么"は動作の方式・やり方を問うものであるが（→学習のポイント 4.7）, 本文のように述語として用いられる場合は, どのような状態であるのか, どのようなことが起こったのかを尋ねる。多く文末に"了"（あるいは"啦"）を用いる。

2　wàimian　外面　［方位詞］⇒第5課「♥主な方位詞」(p.71)

　　xià　下　［動詞］（雨・雪などが）降る。

　　-zhe　-着　［動詞接尾辞］⇒学習のポイント 9.2

　　yǔ　雨　［名詞］雨。◆"下雨"という表現については, 学習のポイント 13.5（p.168）を参照。

　　zhèxià　这下　（前に述べたことを承けて）その結果～になる；そうすると～になる。◆"这一下 zhè yí xià"とも言う。

yě　也　［副詞］〜もまた；同様に；〜でも。◆疑問詞の不定称用法とともに用い,「(どんな)〜でも…」という意味を表す。例："什么困难也能克服。Shénme kùnnan yě néng kèfú."［どんな困難でも克服できる。］

qùbuliǎo　去不了　行くことができない；行けない。◆動詞"去"に,不可能を表す"不了"（「最後まで〜することができない；〜しおおせない」）がくっついた形。この場合の"了"は liǎo と発音する。可能／不可能を表す動詞句構造の一つ。⇒学習のポイント 10.2

kěxī　可惜　［形容詞］残念である；惜しい。

4　méishìr　没事儿　［動詞］何でもない；大したことない。

qǐng　请　［動詞］⇒学習のポイント 9.3

hē　喝　［動詞］飲む。

5　yǒu　有　［動詞］⇒学習のポイント 9.4

dāng　当　［動詞］担当する；務める。

xiàngdǎo　向导　［名詞］ガイド；案内人。

gàn　干　［動詞］（仕事や活動を）する；やる。

xíng　行　［形容詞］よろしい；大丈夫である；差し支えない。

6　zǒu　走　［動詞］出かける；立ち去る；出発する。

7　jiǔbā　酒吧　［名詞］バー。

jiā　家　［量詞］〜軒。◆家庭・商店・企業などを数えるのに用いる。なお，ここでは量詞"家"を重ね型で用いている。このように量詞を重ねる形で副詞的に用いると,「どの〜も；どれも；毎〜」の意味を表す。このような量詞の重ね型は，しばしば副詞"都"とともに用いられる。例："我跟我哥哥下棋回回都输。Wǒ gēn wǒ gēge xiàqí huíhuí dōu shū."［兄と将棋を指すと毎回毎回負けてしまうんだ。］

tèsè　特色　［名詞］特色。

8　méi　没　［副詞］〜していない。◆"没有 méiyou"の省略形。ある運動・動作が実現済みではないことを表す。⇒学習のポイント 11.5

piàn　骗　［動詞］騙す；欺く。

rénqì　人气　［名詞］人気。

zhīyī 之一 〜の中の一つ（一人）。
cóng 从 ［前置詞］⇒学習のポイント9.5
lǎorén 老人 ［名詞］老人；年寄り。
9 dào 到 ［前置詞］⇒学習のポイント9.6
xiǎoháir 小孩儿 ［名詞］子供。
yóuqí 尤其 ［副詞］とりわけ；殊に。◆先に包括的な事象を掲げ，その中でも特にあるものを取り上げる場合に用いる。
duì 对 ［前置詞］⇒学習のポイント9.7
niánqīngrén 年轻人 ［名詞］若者。
lái 来 ［動詞］（〈"对〜来"＋動詞〉の形で用い）〜について…すれば。
shuō 说 ［動詞］話す；述べる；説明する。
10 chéngwéi 成为 ［動詞］（変化の結果）〜になる。
zhǒng 种 ［量詞］（抽象的な事物を数える場合や，類としての事物を捉えて数える場合に用い）〜つ；〜種(しゅ)。
xīn 新 ［形容詞］新しい。
xiūxián 休闲 ［名詞］レジャー。
shíshàng 时尚 ［名詞］流行；トレンド。◆"休闲时尚"で「人気のレジャースポット」の意。
11 xǐhuanshang 喜欢上 好きになる。◆〈動詞＋方向補語〉の構造。ここでの"上"は上方への移動を表す基本義ではなく，ある状態が開始され，その後持続することを表す派生用法として用いられている。⇒『中国語Ⅱ』学習のポイント5.2

学習のポイント

9.1 疑問詞 "什么"
(1) 単独で主語や目的語に用いて、未知・不明の事物を問う。「なに」。

什么　叫　爱情？［何を愛情というのか？］
Shénme jiào àiqíng?

你 在 看　什么　呢？［いま何を読んでいるの？］
Nǐ zài kàn shénme ne?

(2) 名詞の前に用いて、事物の内容・種類などを問う。「なにの；どういう」。

"你 爸爸 做　什么　工作？" "我 爸爸 是　厨师。"
"Nǐ bàba zuò shénme gōngzuò?" "Wǒ bàba shì chúshī."
［「あなたのお父さんは何の仕事をしているの？」「私のお父さんはコックをしています。」］

"顽皮" 是 什么　意思？
"Wánpí" shì shénme yìsi?
［"顽皮"［いたずらっ子・腕白である］とはどういう意味ですか？］

"你 喜欢　什么　颜色？" "我 喜欢　蓝色。"
"Nǐ xǐhuan shénme yánsè?" "Wǒ xǐhuan lánsè."
［「あなたは何色が好きですか？」「私は青色が好きです。」］

9.2 持続を表す "着"
　動詞接尾辞の "着" は動詞のあとに付き、問題の時点において、動作が〈持続したままの状態にある〉こと、または動作や変化のもたらす結果が〈持続したまま状態にある〉ことを表す。「～ている；～てある」。

你 饿 了 吧。 妈 正 做着 饭 呢!
Nǐ è le ba. Mā zhèng zuòzhe fàn ne!
〔おなかが減ったでしょう。お母さんはちょうどご飯を作っているところですよ。〕

我 看见 学生们 在 教室里 坐着。
Wǒ kànjiàn xuéshengmen zài jiàoshìli zuòzhe.
〔教室で学生たちが座っているのが見えた。〕

【比較】
先 别 进来。 她 正 穿着 衣服 呢。(動作の持続)
Xiān bié jìnlai. Tā zhèng chuānzhe yīfu ne.
〔ともかく入ってこないで。彼女はちょうど服を着ているところです。〕
今天 她 穿着 一 件 羽绒服。(動作の結果の持続)
Jīntiān tā chuānzhe yí jiàn yǔróngfú.
〔今日彼女はダウンジャケットを着ています。〕

※(1) 否定には，"没有"または"没"を用い，"不"は用いない。

　　大门、后门 都 没 开着。
　　Dàmén, hòumén dōu méi kāizhe.
　　〔表門も裏門もどちらも開いていない。〕

この文のように，動作・変化の結果の持続を否定するときは，"没(有)"と"着"をいっしょに用いることができるが，次の文のように動作そのものの持続を否定するときは，"着"を動詞のあとには用いない。

　　他们 没有 等 你。
　　Tāmen méiyou děng nǐ.
　　〔彼らはあなたを待っていません。〕
　　×他们 没有 等着 你。

(2) 連動文において前の方の動詞のあとに付き,「V₁ 着(＋目的語)＋V₂」のかたちで用いられる"着"は,V₁ の動作を状態化し,それが V₂ の動作に付随して行われる様態的な動作であることを示す。「～しつつ(…する);～したまま(…する)」。

看着　电视　吃饭，这　难道　是　好　习惯　吗？
Kànzhe diànshì chī fàn, zhè nándào shì hǎo xíguàn ma?
　〔テレビを見ながらご飯を食べることが,まさかよい習慣だということはあるまい。〕

練習 1　次の文を中国語に訳しなさい。
(1) 彼女は部屋で手紙を書いている〔写信 xiě xìn〕ところです。
(2) 彼は入り口〔门口 ménkǒu〕のところであなたを待っていますよ。
(3) 壁には1枚の年画〔年画 niánhuà(旧正月に貼る縁起物の絵)〕が貼って〔貼 tiē〕ある。
(4) 座ってお話し〔谈 tán〕しましょうよ。

9.3　兼語文

複数の動詞または動詞句が直接結びついて一つの述語を構成している文を「連動文」という(→学習のポイント 7.8)。連動文には,「X＋動詞₁＋Y＋動詞(句)₂」のかたちで,X が Y になんらかの動作行為を行うように要請したり,促したりするという事態を表すタイプのものがある。この種の連動文は,前後の動詞の間に位置する名詞(Y)が,前の動詞に対しては動作対象(受動者)の役割を担い,後ろの動詞(句)に対しては動作主体(動作主)の役割を担い,二重の役割を兼担するところから,「兼語文」という。

主語（X）	述語		
	動詞₁ ＋	目的語（Y）＋〔兼語〕	動詞（句）₂
我　爸爸 Wǒ bàba	请 qǐng	她 tā	当　我　的　家教。 dāng wǒ de jiājiào.
〔父が彼女に私の家庭教師になってくれるよう依頼した。〕			
章　老师 Zhāng lǎoshī	嘱咐 zhǔfu	孩子们 háizimen	上课　尊重　老师。 shàngkè zūnzhòng lǎoshī.
〔章先生は子供たちに授業の時は先生の言うことをよく聞くように諭した。〕			
妈妈 Māma	要 yào	我 wǒ	九　点　以前　回来。 jiǔ diǎn yǐqián huílai.
〔母は私に九時前には帰ってくるようにと言った。〕			

練習2　次の日本語を中国語に訳しなさい。

（1）私は彼に荷物を持って〔拿 ná〕くれるように頼んだ。

（2）多くの人が彼女に助けて〔帮忙 bāngmáng〕もらいたいと思っている〔求 qiú〕。

（3）李先生は彼に必ず〔一定 yídìng〕復習する〔复习 fùxí〕よう言いつけた。

（4）彼女は私に一人で〔一个人 yí ge rén〕中に入らせた。

9.4 "有"を用いる連動文

連動文の述語に"有"を用い,「X ＋ "有" ＋ Y ＋ 動詞（句）」のかたちで,「X（特定の人・場所・時間）に～するYがいる／ある」という意味を表す。否定には"没（有）"を用いる。　　　　参考：「連動文」⇒学習のポイント7.8

主語 (X)	述語		
	動詞₁ +	目的語 (Y) +	動詞（句）₂
明天 Míngtiān	有 yǒu	人 rén	来 找 我。 lái zhǎo wǒ.
［明日,私を訪ねてくる人がいる。］			
我 Wǒ	没有 méiyǒu	钱 qián	买 车票 了。 mǎi chēpiào le.
［私には切符を買うお金がなくなった。］			
图书馆 Túshūguǎn	有 yǒu	很 多 学生 hěn duō xuésheng	在 看 书。 zài kàn shū.
［図書館では多くの学生が本を読んでいる。］			

練習 3　次の文を"有"を用いて中国語に訳しなさい。

(1) 私にはまだやらなければならない〔要做 yào zuò〕こと〔事情 shìqing〕がたくさんある。

(2) 私には飲むお茶〔茶 chá〕がなくなりました。

(3) この公園〔公园 gōngyuán〕には座る〔坐 zuò〕ことのできる場所がありません。

(4) 私には皆さんに尋ね〔问 wèn〕たい問題〔问题 wèntí〕が一つあります。

9.5　前置詞"从"

移動を伴う動作の起点を示す。「～から」。

我们　刚　从　学校　回来。
Wǒmen gāng cóng xuéxiào huílai.

　［私たちは学校から帰ってきたばかりです。］

他　从　武汉　来的　吗？
Tā cóng Wǔhàn láide ma?

　［彼は武漢からやって来たのですか？］

9.6　前置詞 "到"

場所表現を伴い，移動の目的地や到達点を示す。「～に；～まで」。

到　我　这儿　来　吧！
Dào wǒ zhèr lái ba!

［私のところにいらっしゃい！］

他　到　首都　博物馆　参观　去　了。
Tā dào Shǒudū Bówùguǎn cānguān qù le.

［彼は首都博物館の参観に行ってしまいました。］

練習4　次の文を中国語に訳しなさい。
(1) 彼はどこに行ってしまいましたか？
(2) 上海から北京まで飛行機で〔坐飞机 zuò fēijī〕いくらかかりますか？
(3) 私たちは駅〔火车站 huǒchēzhàn〕までバスに乗りましょうよ〔坐车 zuò chē〕。
(4) 彼は福州〔福州 Fúzhōu〕からこの手紙を出してくれたんだ。

9.7　前置詞 "对"

人や事物を表す名詞を伴い，感情や関心や態度が向かう対象を示す。「～に（対して）」。

他们　对　我　都　非常　热情。
Tāmen duì wǒ dōu fēicháng rèqíng.

［彼らはみんな私にとても親切である。］

我　对　中国　文化　非常　感　兴趣。
Wǒ duì Zhōngguó wénhuà fēicháng gǎn xìngqù.

［私は中国文化にとても興味を持っています。］

第 10 課　热情的北京人

Xiǎosēn:　Zhēn méi xiǎngdào, zhèli hái néng zuòzhe sānlúnchē guàng hútòngr.

Lǐ Tóng:　Ràng nǐ xiǎngbudào de shìqing hái duōzhene. Kěxī shíjiān bù zǎo le, wǒmen děi huíqu le.

Xiǎosēn:　Děngdeng, wǒ de shǒujī zhǎobuzháo le. Huài le, kěnéng wàngzài gāngcái nèi liàng sānlúnchēshang le.

Lǐ Tóng:　Bié zháojí, zài kànkan bāorli yǒu méiyǒu.

shīfu:　Gūniang, zhè shì nǐ de shǒujī ba. Wǒ zài chēli zhǎodàode.

Xiǎosēn:　Shì wǒ de. Wǒ zhèng zháojí ne, tài xièxie nín le. Hái ràng nín tèyì pǎo yí tàng, zhēn bù hǎoyìsi.

shīfu:　Bié kèqi, yīnggāi de.

小森：真没想到，这里还能坐着三轮车逛胡同儿。
李童：让你想不到的事情还多着呢。可惜时间不早了，我们得回去了。
小森：等等，我的手机找不着了。坏了，可能忘在刚才那辆三轮车上了。
李童：别着急，再看看包儿里有没有。

师傅：姑娘，这是你的手机吧。我在车里找到的。
小森：是我的。我正着急呢，太谢谢您了。还让您特意跑一趟，真不好意思。
师傅：别客气，应该的。

語釈

  rèqíng 热情 [形容詞]親切である；心がこもっている；優しい。
1 xiǎngdào 想到 [動詞](～に)思い至る；(～まで)考えが及ぶ。
  sānlúnchē 三轮车 [名詞]三輪自転車。◆いわゆる輪タク。かつての北京で非常に多く見られた。
2 ràng 让 [動詞]⇒学習のポイント10.1
  xiǎngbudào 想不到 想像することができない；思いもよらない。⇒学習のポイント10.2
  shìqing 事情 [名詞]こと；事情；ことがら。
  zhene 着呢 [語気助詞]じつに～なのですよ；めっぽう～なのだぞ。◆程度の高さを強調して訴える気持ちを表す。
  zǎo 早 [形容詞](時刻や時間が)早い。
3 děi 得 [能願動詞]⇒学習のポイント10.3
4 děng 等 [動詞]待つ。
  shǒujī 手机 [名詞]携帯電話。
  zhǎobuzháo 找不着 捜し当てることができない；見つからない。◆「捜す」を意味する動詞"找"と、「手に入れる；目的を達成する」を表す結果補語の"着 zháo"がくっついた"找着"[捜し当てる]という形の複合動詞に、不可能を表す"不 bu"が挟み込まれたもの。⇒学習のポイント10.2
  huài le 坏了 (好ましくないことになる→)まずいことになった；しまった；たいへんだ。
  kěnéng 可能 [副詞]おそらく；ひょっとすると。◆文頭や動詞の前に用いて推測を表す。
  wàngzài 忘在 ～に忘れる。⇒学習のポイント10.4
  gāngcái 刚才 [名詞]さっき；今しがた；つい先ほど。
5 liàng 辆 [量詞]～台。◆自動車・自転車等の数を数えるのに用いる。
6 bié 别 [副詞]⇒学習のポイント10.5

zháojí 着急 ［形容詞］焦る；気が急く；苛立つ。
zài 再 ［副詞］また；もう一度；再び；さらに。◆まだ実現されていない未来の動作・行為について用いる。
bāor 包儿 ［名詞］包み；かばん。
7 shīfu 师傅 ［名詞］本来は特殊な技能を持つ職人等に呼びかける際に用いる尊称。転じて運転手や店員などに対しても用いる。ここでは輪タクの運転手のこと。
gūniang 姑娘 ［名詞］（一般に未婚の）女の子；娘；乙女。
chē 车 ［名詞］車。◆当然ここでは輪タクを指す。
zhǎodào 找到 捜し当てる；見つかる。◆上述の"找着"と同義。もし，「捜し当てることができない」と表現したい場合には"找不到"となる。
8 zhèng 正 ［副詞］ちょうど（〜している）；まさに（〜しているところである）。◆"正在 zhèngzài"と表現されることも多い。また，文末にはしばしば語気助詞"呢"を伴う。
xièxie 谢谢 ［動詞］◆ありがたく思う；（〜に／〜を）感謝する。
tèyì 特意 ［副詞］特に；わざわざ。
pǎo 跑 ［動詞］（走る→）駆け回る；足を運ぶ；奔走する。
9 tàng 趟 ［量詞］〜回；〜度。◆往復する回数を数えるのに用いる。⇒学習のポイント10.7
bù hǎoyìsi 不好意思 恥ずかしい；きまりが悪い；気が引ける；申し訳ない。◆"好意思"は「平気である」という意味の形容詞であるが，一般には反語文や否定文で用いられる。
10 Bié kèqi. 别客气。 どういたしまして；ご遠慮なく。◆「（主人が客に勧めて）どうぞご遠慮なく；どうぞ楽にしてください」という意味を表す慣用表現であるが，ここでは第1課の"不客气"のように，感謝や謝罪に対して「どういたしまして」という意味を表す。
yīnggāi 应该 ［形容詞］当然そうあるべきである。

学習のポイント

10.1 使役構文

兼語文の述語の前方の動詞（＝動詞₁）の位置に，"让 ràng、叫 jiào、使 shǐ"のいずれかを用い，「X＋"让／叫／使"＋Y＋動詞／形容詞（句）」のかたちで「XがYに（を）〜させようとする；〜させる」という意味を表す構文を「使役構文」という。

主語X	述語		
	"让／叫／使"＋ 目的語（Y）＋ 動詞（句）／形容詞（句）		
刘 备 Liú Bèi	叫 jiào	诸葛 亮 Zhūgě Liàng	当 参谋。(指示使役) dāng cānmóu.
[劉備は諸葛亮に参謀にならせようとした。]			
王 老师 Wáng lǎoshī	让 ràng	小红 Xiǎohóng	随便 说说。(許容使役) suíbiàn shuōshuo.
[王先生はシャオホンに思いのままに話させようとした。]			
他 的 话 Tā de huà	使 shǐ	我 wǒ	很 高兴。(誘発使役) hěn gāoxìng.
[彼のことばはわたしをとても嬉しくさせた。]			

※使役構文が表す使役の意味には，1) Xが，Yに何らかの動作・行為をさせようと積極的に指示するタイプの「指示使役」，2) Xが，Yの意のままに何らかの動作・行為をさせようとするタイプの「許容使役」，3) Xが原因となって，Yを何らかの状態にならせるタイプの「誘発使役」がある。"让"と"叫"は3つのタイプのいずれにも用いることができ，"使"は「誘発使役」のみに用いることができる。

　　×刘备 使 诸葛亮 当 参谋。
　　×王老师 使 他 随便 说说。

練習1　次の文を中国語に訳しなさい。
　（1）彼女は私に腰掛けさせた。
　（2）このニュース〔消息 xiāoxi〕は彼をとても喜ばせた。

(3) 主任〔主任 zhǔrèn〕は毛さんを早め〔早点儿 zǎo diǎnr〕に帰宅〔回家 huíjiā〕させました。
(4) 立ち後れたもの〔落后 luòhòu〕を進んだもの〔先进 xiānjìn〕に変える。

10.2　可能／不可能を表す動詞句構造

「動詞＋"得（de）"＋結果補語」または「動詞＋"不（bu）"＋結果補語」のように，"得（de）"または"不（bu）"を間に挟んで結果補語を動詞の後ろにつなげるかたちで，「動作の結果として，補語の意味する変化・状態が実現し得る／し得ない」という意味の可能または不可能を表す。

车厢里　很　吵，听不清　广播。
Chēxiāngli hěn chǎo, tīngbuqīng guǎngbō.
〔車内はとてもやかましいので，放送がはっきり聞こえない。〕
你　开着　灯　睡得着　吗？
Nǐ kāizhe dēng shuìdezháo ma?
〔あなたは電気をつけて寝つけますか？〕
我　一　天　看不完　这么　厚　的　小说。
Wǒ yì tiān kànbuwán zhème hòu de xiǎoshuō.
〔私は一日でこんな分厚い小説を読み終わることはできません。〕

練習2　次の文を中国語に訳しなさい。
(1) 黒板の字〔黑板上的字 hēibǎnshang de zì〕が見えますか？
(2) この薬を飲んで病気を治す〔治 zhì〕ことができますか？
(3) 「あなたは広東語〔广东话 Guǎngdōnghuà〕が聴き取れますか？」「ちっとも全然〔完全 wánquán〕聴き取れません。」〔聴く：听 tīng，分かる：懂 dǒng〕
(4) 私はあなたがきっとやり〔做 zuò〕遂げると信じている〔相信 xiāngxìn〕よ。

10.3　能願動詞 "得"

動詞の前に用い，「(その場の状況から判断して) ～しなければならない；～する必要がある」という意味を表す。

她　每天　回家　都　得　弹　琴。
Tā měitiān huíjiā dōu děi tán qín.

［彼女は毎日家に帰るとピアノを弾かなければならない。］

这　个　问题　你　还　得　考虑考虑。
Zhèi ge wèntí nǐ hái děi kǎolùkaolü.

［この問題は，もう少し考えてみなければならない。］

10.4　結果補語の "在"

動詞の直後に，"在" を用いる前置詞句を結果補語として用い，動作の対象が動作の結果として位置する場所を示す。

我们　喝　茶　的　时候，茶叶　放在　杯子里。
Wǒmen hē chá de shíhou, cháyè fàngzài bēizili.

［私たちはお茶を飲むとき，お茶の葉は湯飲みの中に入れます。］

他　躺在　床上　看　电视　呢。
Tā tǎngzài chuángshang kàn diànshì ne.

［彼はベッドに寝っ転がってテレビを見ているよ。］

練習3　次の文を中国語に訳しなさい。

(1) シャオホンは地面〔地上 dìshang〕に飛び〔跳 tiào〕降りた。
(2) 「私の財布〔钱包 qiánbāo〕はどこですか？」「金庫〔保险箱 bǎoxiǎnxiāng〕のなかに入れました。」
(3) 彼女は北京に住ん〔住 zhù〕でいる。

10.5 禁止を表す副詞 "別"

動詞や形容詞の前に用いて禁止命令を表す。「～するな；～しないで」。

别 在 这儿 抽烟！［ここでたばこを吸うな！］
Bié zài zhèr chōuyān!

别 在 屋里 乱跑！［部屋の中で走り回るな！］
Bié zài wūli luànpǎo!

你 别 一 个 人 闷着！［一人で悩んでいないで！］
Nǐ bié yí ge rén mēnzhe!

10.6 疑問文(5) ── 正反疑問文

述語の肯定形と否定形を「肯定形＋否定形」の順序で並べて，事柄の成否を問う疑問文を「正反疑問文」という。

他 <u>来</u> <u>不 来</u>？
Tā lái bù lái?
　　　肯定形　否定形

上海 的 冬天 冷 不 冷？
Shànghǎi de dōngtiān lěng bù lěng?
　［上海の冬は寒いですか？］

这 家 餐厅 你 从前 来过 没有？
Zhèi jiā cāntīng wǒ cóngqián láiguo méiyou?
　［このレストランにあなたはこれまで来たことがありますか？］

※(1) "不" とその直後の述語は軽く発音される。
(2) 述語の動詞が目的語を伴って「VO 不 VO」（买毛衣不买毛衣）のかたちになる場合，しばしば肯定形の目的語が省略される。
　　　你 <u>买 毛衣</u> <u>不 买 毛衣</u>？
　　　　肯定形　　　否定形

|練習 4| 次の日本語を，正反疑問文を用いて中国語に訳しなさい。
(1) 故宮まで遠いですか？
(2) あの携帯電話を買うことはできましたか？
(3) 彼の家は博物館の近くにありますか？
(4) あなたは去年このコートを買ったのですか？

10.7 動作量と回数の表現

動作の量や実行回数を表す数量表現は，動詞のうしろに置く。

我　今天　游了　<u>五百　米</u>。［私は今日，500メートル泳いだ。］
Wǒ jīntiān yóule wǔbǎi mǐ.

国庆节　我　想　回家　<u>一　趟</u>。
Guóqìngjié wǒ xiǎng huíjiā yí tàng.

［国慶節の時に私は一度帰郷しようと思っている。("国庆节"…10月1日の建国記念日。前後1週間程度が休みとなる中国の大型連休でもある)］

◎動詞が目的語を伴う場合，
(1) 目的語が代名詞であれば一般に「動詞＋目的語＋数量表現」の順に並び，

　　我们　等了　他　三十　分　钟。
　　Wǒmen děngle tā sānshí fēn zhōng.

　　［私たちは彼を30分間待った。］

(2) 目的語が代名詞でなければ一般に「動詞＋数量表現＋目的語」の順で並ぶ。

　　我　学了　三　年　汉语。
　　Wǒ xuéle sān nián Hànyǔ.

　　［私は中国語を三年間勉強した。］

練習5 〔　〕のなかの語句を適当に並びかえて，日本語の文の意味に相当する中国語文を完成させなさい。

(1)　もう一度話しなさい。
　　〔再 [zài「もう」]　遍 [biàn「～回；～度」]　说 [shuō「話す」]　你　一〕

(2)　私は中国で京劇を2度見たことがあります。
　　〔次　看　在　过　我　两　中国 [Zhōngguó「中国」]　京剧 [jīngjù「京劇」]〕

文法ノート③

中国語の疑問文

1 当否疑問文

……語気助詞の"吗"を平叙文の文末に用いて，事柄の真偽を尋ねる。「～か；～ですか」。

- 他　明天　来　吗？
  Tā míngtiān lái ma?

2 正反疑問文

……述語の肯定形と否定形を「肯定形＋否定形」の順序で並べて，事柄の成否を問う。「～か，～（で）ないか」。

- 他　明天　来　不　来？
  Tā míngtiān lái bù lái?

- 你　买　不　买　笔？
  Nǐ mǎi bù mǎi bǐ?

3 選択疑問文

……「("是") X，"还是" Y」のかたちで複数の述語または節を提示し，「X か，それとも Y か？」と，選択的に事柄を問う。

- 你（是）去　北京，还是　去　南京？
  Nǐ (shì) qù Běijīng, háishi qù Nánjīng?

- （是）李　童　寄信，还是　王　宁　寄信？
  (Shì) Lǐ Tóng jì xìn, háishi Wáng Níng jì xìn?

4 疑問詞疑問文

……"什么 shénme"［なに］，"谁 shéi"［だれ］，"哪儿 nǎr"［どこ］，"几 jǐ"［いくつ］などの疑問詞を用いて，未知・不定の要素を問う。

- 你　吃　什么？
  Nǐ chī shénme?

- 她　去　哪儿？
  Tā qù nǎr?

5 省略疑問文

……述語を省略し，質問の対象となる人や事物のあとに語気助詞の"呢"を添えて，「～は？」と尋ねる。

- "我　认识　李　童。你　呢？" "我　不　认识。"
  "Wǒ rènshi Lǐ Tóng. Nǐ ne?" "Wǒ bú rènshi."

時間の表現

時刻の表現については第5課で既に学習したが，ここではある長さをもつ時間の表現について主なものを挙げておく。

"〇分間"		一 分 钟 yì fēn zhōng	两 分 钟 liǎng fēn zhōng	十 分 钟 shí fēn zhōng
"〇時間"	半 个 小时 bàn ge xiǎoshí	一 个 小时 yí ge xiǎoshí	两 个 小时 liǎng ge xiǎoshí	十 个 小时 shí ge xiǎoshí
"〇日間"	半 天 bàn tiān	一 天 yì tiān	两 天 liǎng tiān	十 天 shí tiān
"〇週間"		一 个 星期 yí ge xīngqī	两 个 星期 liǎng ge xīngqī	
"〇ヶ月"	半 个 月 bàn ge yuè	一 个 月 yí ge yuè	两 个 月 liǎng ge yuè	十 个 月 shí ge yuè
"〇年"	半 年 bàn nián	一 年 yì nián	两 年 liǎng nián	十 年 shí nián

時間幅（時量）の表現は動作量や回数の表現の一種であるから，動詞のうしろに置かれその継続時間を表す（→学習のポイント10.7）。

咱们 休息 十 分 钟。［10分間休憩しましょう。］
Zánmen xiūxi shí fēn zhōng.

第三单元　特色北京　TÈSÈ BĚIJĪNG

第 11 課　北京美食

Lǐ Tóng:　Zài Běijīngchéng guàngle hǎo jǐ tiān le, jīntiān gāi qù chī diǎnr hǎochī de le.

Xiǎosēn:　Wǒ yě zhème xiǎng de.

Lǐ Tóng:　Wǒ dǎsuan zhōngwǔ wǒmen xiān qù Quánjùdé chī kǎoyā, wǎnshang zài qù Wángfǔjǐng chī xiǎochī. Běijīng xiǎochī hé Běijīng kǎoyā yíyàng yǒumíng.

Xiǎosēn:　Méi yìjiàn. Tīng nǐ de.

Lǐ Tóng:　Nǐ chīguo kǎoyā ma?

Xiǎosēn:　Jǐ nián qián chīguo yí cì, búguò méi zài Quánjùdé chīguo.

Lǐ Tóng:　Jīntiān xīngqīsān, rén yīnggāi méiyǒu zhōumò nàme duō.

Xiǎosēn:　Aiya, bié shuō le, kuài diǎnr zǒu ba. Wǒ dōu chánsǐ le.

Lǐ Tóng:　Xiǎochánmāor.

李童：在北京城逛了好几天了，今天该去吃点儿好吃的了。
小森：我也这么想的。
李童：我打算中午我们先去全聚德吃烤鸭，晚上再去王府井吃小吃。北京小吃和北京烤鸭一样有名。
小森：没意见。听你的。
李童：你吃过烤鸭吗？
小森：几年前吃过一次，不过没在全聚德吃过。
李童：今天星期三，人应该没有周末那么多。
小森：哎呀，别说了，快点儿走吧。我都馋死了。
李童：小馋猫儿。

語釈

měishí 美食 [名詞] 美食。

1 Běijīngchéng 北京城 [固有名詞] 北京城。◆"城"は，中国語では城壁に囲まれた都市や街のこと。ここでは「北京市内」くらいの意味。

-le ~ le -了~了 ⇒学習のポイント 11.1

hǎo 好 [副詞]（程度の甚だしいことや数量の多いことを強調し）とても；ずいぶん。◆形容詞や数量詞の前に用いられる。

tiān 天 [量詞] 〜日。◆日数(にち)を数えるのに用いる。

gāi 该 [能願動詞] ⇒学習のポイント 11.2

chī 吃 [動詞] 食べる。

diǎnr 点儿 [量詞] 少し；ちょっと。◆少量の事物を数えるのに用いる。動詞の後ろに用いることが多いが，前に来ることができる数詞は"一"と"半 bàn"のみであり，かつ"一"は話し言葉でしばしば省略される。なお，下文に見えるように，〈形容詞+"（一）点儿"〉の形で用いられたときには，何らかの基準に照らして差が僅かであることや，その分だけ増加・減少することを表す。

hǎochī 好吃 [形容詞] おいしい；うまい。

3 de 的 [助詞]◆話し手の判断や主張を「確かにそうなのだ」と断定的・説得的に述べる働きを持つ。"是〜的"の形で用いられることも多い。"(是〜)的"を取り去っても，基本的な意味に変化はない。

4 dǎsuan 打算 [能願動詞] 〜するつもりである。

zhōngwǔ 中午 [時間詞] お昼。

xiān 先 [副詞] 先に；まず。⇒学習のポイント 11.3

Quánjùdé 全聚德 [固有名詞] 全聚徳。◆清の同治3年（1864）に前門大街にて創業。同じく前門にて開業した"便宜房 Biànyifáng"と並ぶ"北京烤鸭 Běijīng kǎoyā"の代表的レストラン。

kǎoyā 烤鸭 [名詞] アヒルの丸焼き。◆内蔵を取り除き，表面に水飴を塗ったアヒルを窯で焼く料理。窯には"焖炉 mènlú"[蒸し焼き窯]と"挂炉 guàlú"[吊し炙り窯]の二種類があり，"全聚徳"は後者を考案したという。

wǎnshang 晚上 [時間詞] 夕方；夜；晩。◆夕飯時より遅く，"夜里 yèli"[夜中]よりは早い時間を指す。

zài 再 ［副詞］⇒学習のポイント 11.3

Wángfǔjǐng 王府井 ［固有名詞］王府井。◆"王府井大街"のこと。故宮の東側に位置する北京でもっとも有名な商業地区であり，さまざまな老舗や百貨店などが軒を連ねる。かつては王侯の邸宅街であり，その一角に名高い井戸があったことからこの名がある。

5 xiǎochī 小吃 ［名詞］街角の軽食堂や屋台などで供される簡単な料理・軽食・スナック。

yíyàng 一样 ［形容詞］同じく；同様に。◆ここでは"有名"に対する連用修飾語として用いられている。

yǒumíng 有名 ［形容詞］有名である；名前が通っている。

6 yìjiàn 意见 ［名詞］異議；文句。

tīng 听 ［動詞］聞き入れる；（意見などに）従う。

7 -guo ［動詞接尾辞］⇒学習のポイント 11.4

8 qián 前 ［方位詞］前。◆ここでは時間的に「前」という意味で用いられている。

cì 次 ［量詞］（行為や出来事の回数を数えて）〜回；〜度。

méi 没 ［副詞］⇒学習のポイント 11.5

9 xīngqīsān 星期三 ［時間詞］水曜日。⇒学習のポイント 11.6

rén 人 ［名詞］人；人間。

yīnggāi 应该 ［能願動詞］（客観的情況から推論して当然）〜のはずだ。

méiyǒu … nàme 〜 没有…那么〜 ⇒学習のポイント 11.7

zhōumò 周末 ［名詞］週末。

10 aiya 哎呀 ［感嘆詞］（不満に思ったり，情況がまずいと思ったり，我慢できない気持ちを訴え）もう；あーっ。

dōu 都 ［副詞］すっかり〜；〜までも。◆事態が極端な程度に達しているという気持ちを表す。

chánsǐ 馋死 食べたくて我慢できない。◆"馋"は「（おいしそうな食べ物を見て）食べたい」という意味の形容詞。"死"はここでは結果補語として用いられ，事態が極点に達していることを表す。このような"死"は，一般に文末に"了"を伴う。

11 xiǎochánmāor 小馋猫儿 食いしん坊の子猫さん。◆"小"は「若い；ちびの」，"猫儿"は「ネコ」。

> 学習のポイント

11.1 経過時間の表現

　変化を表す動詞（句）のあとに数量表現を用いて，動作完了後の経過時間を表す。

(1) 動詞が目的語を伴わないときは「動詞＋"了"＋数量表現＋"了"」のかたちで用いられる。

　　我 在 这儿 已经 坐了 一 个 下午 了。
　　Wǒ zài zhèr yǐjing zuòle yí ge xiàwǔ le.
　　［私は午後になってからもうずっとここに座っている。］

(2) 動詞が目的語を伴うときは「動詞＋目的語＋数量表現＋"了"」

　　老王　　来 日本 十 多 年 了。
　　Lǎo-Wáng lái Rìběn shí duō nián le.
　　［王さんは日本に来て10数年になる。］

　　※次の例のように，あとに文が続くときは，語気助詞の"了"が省かれることもある。

　　　　他 来 上海 一 年 多，还 没 吃过 一 次 地道 的 上海
　　　　Tā lái Shànghǎi yì nián duō, hái méi chīguo yí cì dìdao de Shànghǎi
　　　　菜 呢。
　　　　cài ne.
　　　　［彼は上海に来て1年あまりになるが，まだ本場の上海料理を食べていないのですよ。］

11.2　能願動詞 "该"

　動詞の前に用い，「（道理上または都合により）〜すべきである」という意味を表す。

出门　前 你 该 告诉 我 一 声。
Chūmén qián nǐ gāi gàosu wǒ yì shēng.

［出かける前に私に一声かけなければいけませんよ。］

你 不 该 一 个 人 去。
Nǐ bù gāi yí ge rén qù.

［一人で行ってはいけませんよ。］

11.3　副詞"再"

問題の動作を後回しにしたり，別の機会に譲る意向を示す。「（まず……して）それから（〜しよう）；また改めて（〜しよう）」。しばしば「"先"…"再"〜」や「"等"…"再"〜」のかたちで用いられる。

你 应该 先 听取 别人 的 意见 再 做 决定。
Nǐ yīnggāi xiān tīngqǔ biérén de yìjiàn zài zuò juédìng.

［まず人の意見に耳を傾けてから決定しなければならない。］

等　大家 都 回来 了 再 吃 吧。
Děng dàjiā dōu huílai le zài chī ba.

［みんなが帰ってきてから食べましょう。］

11.4　経験を表す"过"

動詞接尾辞の"过"は動詞のあとに付き，動作・行為が〈経験済みである〉ことを表す。「〜したことがある」。

我　前年　看过　一 次 京剧。
Wǒ qiánnián kànguo yí cì jīngjù.

［私は一昨年一度京劇を見たことがある］

你 去 参观过　首都　博物馆 吗？
Nǐ qù cānguānguo Shǒudū Bówùguǎn ma?

［あなたは首都博物館へ参観に行ったことがありますか？］

◎否定にはついては，次の学習のポイント11.5を参照。

練習1 次の日本語を中国語に訳しなさい。
(1) 以前〔以前 yǐqián〕彼女はオリンピック〔奥运会 Àoyùnhuì〕に参加した〔参加 cānjiā〕ことがある。
(2) あなたは中国で列車〔火车 huǒchē〕に乗った〔坐 zuò〕ことがありますか？
(3) 誰か外国で車を運転したことがある人はいますか？
(4) 私はあのとき〔那时 nàshí〕聴い〔听 tīng〕た歌〔歌 gē〕をまだ覚えています〔记得 jìde〕。

11.5 否定の副詞 "没（有）"

動詞接尾辞の"着"，"了"，"过"はそれぞれ〈持続〉，〈完了〉，〈経験〉を意味し，問題の時点において現存する動作や既存の動作・変化を表すが，それらに対する否定には"没（有）"を用い，"不"を用いない。

我 去 的 时候， 门 没（有）开着。
Wǒ qù de shíhou, mén méi(you) kāizhe.

［私が行ったとき，ドアは開いていなかった。］

"钱包 找着了 没有？""没有。 还 没 找着。"
"Qiánbāo zhǎozháole méiyou?""Méiyou. Hái méi zhǎozháo."

［「財布は見つかりましたか？」「いいえ。まだ見つかっていません。」］

"京剧 你 看过 吗？""我 没（有）看过。"
"Jīngjù nǐ kànguo ma?""Wǒ méi(you) kànguo."

［「京劇を見たことがありますか？」「見たことがありません。」］

※動作そのものの持続と動作・変化の完了を否定するときは，"没（有）"で否定された動詞のあとに"着"や"了"を用いることはできない。

×他们 没有 等着 你。(cf. 他们 没有 等 你。)
×我 还 没 吃完了 饭。(cf. 我 还 没 吃完 饭。)

11.6　名詞述語文

述語が名詞（句）によって構成されるタイプの文を「名詞述語文」という。数量，順序，年月日，時刻，出身地，原籍などを表す名詞（句）はそれ自身が述語になり，名詞述語文を構成することができる。

主語	述語		
	副詞	名詞（句）	語気助詞
我 妈妈 〔母は七十歳です。〕		七十 岁 suì。	
你们 〔あなたたちは全部で何人ですか？〕	一共 yígòng	多少 人？	
他 〔彼は二年生ですよね？〕		二 年级 niánjí	吧？
明天 〔明日はもう金曜日である。〕	已经	星期五	了。
老陆 Lǎo-Lù 〔陸さんは陝西（省）の出身である。〕		陕西 人 Shǎnxī rén。	

※否定文では名詞述語文は成立しない。

　　×老陆 不 陕西 人。
　　（cf. 老陆 不 是 陕西 人。〔李さんは陝西の出身ではない。〕）

練習2　次の文を中国語に訳しなさい。
（1）　姉は二十歳になりました。
（2）　一人二つですよ。
（3）　明日は木曜日ではありません。
（4）　あなた方は何名でいらっしゃいますか？

11.7　"没有"を用いる比較表現

「X＋"没有"＋Y（这么／那么）＋～」のかたちで，主語の表す人物や事物（X）の程度が基準（Y）に及ばないことを表す。「XはYほどの～ではない」。

东京　没有　上海　这么　闷热。
Dōngjīng méiyǒu Shànghǎi zhème mēnrè.

［東京は上海ほど蒸し暑くない。］

我　没有　小陈　那么　能干。
Wǒ méiyǒu Xiǎo-Chén nàme nénggàn.

［私は陳君ほどのやり手ではない。］

練習3　次の中国語の内容を"没有"を用いて書き換えなさい。
(1) 北京比香港冷。
(2) 我的房间 (fángjiān) 比你的房间大。
(3) 长江 (Chángjiāng) 比黄河 (Huánghé) 长。
(4) 我哥哥比我姐姐矮。

文法ノート④

基本構文の3類型──述語のタイプによる分類

1 **動詞述語文**
   - 王　老师　来。［王先生が来る。］
     Wáng lǎoshī lái.
   - 小李　在　图书馆。［李さんは図書館にいる。］
     Xiǎo-Lǐ zài túshūguǎn.
   - 我　爸爸　是　牙科　大夫。［私の父は歯科医です。］
     Wǒ bàba shì yákē dàifu.
   - 我　在　图书馆　借了　三　本　书。［私は図書館で三冊の本を借りた。］
     Wǒ zài túshūguǎn jièle sān běn shū.

2 **形容詞述語文**
   - 哈尔滨　冷，　香港　热。［ハルピンは寒いが，香港は暑い。］
     Hā'ěrbīn lěng, Xiānggǎng rè.
   - 你　的　发音　很　好。［あなたの発音はすばらしい。］
     Nǐ de fāyīn hěn hǎo.

3 **名詞述語文**
   - 我　爸爸　湖南　人。［私の父は湖南出身です。］
     Wǒ bàba Húnán rén.
   - 今天　星期三。［今日は水曜日です。］
     Jīntiān xīngqīsān.
   - 她　妹妹　十二　岁。［彼女の妹は12歳です。］
     Tā mèimei shí'èr suì.

≪文法ミニ・レクチャー　その２≫

３つの動詞接尾辞　　"了"，"着"，"过"

　述べられる事態が，発話時を基準にして現在・過去・未来のいずれに時点に属するかを表し分けるための文法的手段を「テンス」という。それに対して，述べられる動作や変化それ自体が，現在・過去・未来それぞれの時点において，どのような時間的様相（すがた）を呈しているかを表し分けるための文法的手段を「アスペクト（＝相）」という。

　中国語にはテンスは存在しないが，アスペクトは存在する。これまでに学習した"了"，"着"，"过"という３つの動詞接尾辞は，それぞれ，動作や変化の〈完了〉的な様相，〈持続〉的な様相，〈経験〉的な様相を表すものであり，アスペクトを担う文法的な形式である。

　　"了"：〈完了〉アスペクトを表す。述べられる動作や変化が，問題の時点においてすでに実現済みであることを表す。

　　　　我　借了　三　本　书。[私は本を三冊借りた。]
　　　　Wǒ　jièle　sān　běn　shū.

　　　　吃完了　饭再　打　电话　　联系。
　　　　Chīwánle　fàn zài dǎ diànhuà　liánxì.

　　　　　[ご飯を食べ終わったら電話で連絡します。]

　　"着"：〈持続〉アスペクトを表す。述べられる動作や動作の結果が，問題の時点において，持続的・状態的に実現していることを表す。

　　　　你　先　去　吧。　他们　在　门口　　等着　你。
　　　　Nǐ xiān qù ba.　Tāmen zài ménkǒu děngzhe nǐ.

　　　　　[先にお行きなさい。彼らは入り口であなたを待っています。]

　　　　两　个　窗户　都　开着。
　　　　Liǎng ge chuānghu dōu kāizhe.

　　　　　[二つの窓はどちらも開いている。]

　　"过"：〈経験〉アスペクトを表す。述べられる動作が，問題の時点において，すでに経験済み・経過済みであることを表す。

　ここで言う「問題の時点」とは，話し手が任意に設定した基準時を意味するものであり，それは一般には発話時（すなわち現在）と一致するが，必ずしもつねに発話時であるとは限らない。"了"の場合を例にとって言えば，それは，発話時現在においての動作・変化の実現済み（すなわち現在完了）を表すだけでなく，過去の或る時点においての動作・変化の実現済み（すなわち過去完了）を表すことも，未来の或る時点においての動作・変化の実現済み（すなわち未来完了）を表すこともできる。たとえば，"昨晚八点，我已经回来了。"[昨晚の８時には，私はもう帰ってきていた]では，"了"は過去の完了を表し，"明天你爸爸回来了，你就告诉我一下。"[明日あなたのお父さんが帰ってきたら，

私に知らせてください。] では，"了"は未来の完了を表している。上に挙げた"吃完了饭再打电话联系。"[ご飯を食べ終わったら電話で連絡します。] の"了"も未来の完了を表すものである。テンスをもたない中国語では，現在完了・過去完了・未来完了の対立を区別する文法的な手段をもちあわせておらず，従って，いずれの時点の完了であってもすべて"回来了"，"吃完了"となる。アスペクト形式としての"了"は，テンスとは無関係に，ひたすら「(その時点においての動作・変化の) 実現済み」(＝完了) という意味を表すのみである。

"了"，"着"，"过"という3つの動詞接尾辞が表す動作または変化は，いずれも，問題の時点において「すでに実現をみている」という点で共通している。すなわち，完了，持続，経験という事態は，いずれも〈既然〉の事態であるという点で共通している。その共通点を反映して，完了，持続，経験の否定にはすべて"没(有)"が用いられる。

"那 本 书 你 看完了 吗？" "没有。 还 没 看完。"
"Nà běn shū nǐ kànwánle ma?" "Méiyou. Hái méi kànwán."

[「あの本は読み終わりましたか？」「いいえ。まだ読み終わっていません。」]

我 没(有) 去过 桂林。
Wǒ méi(you) qùguo Guìlín.

[私は桂林 [中国南部の有名な景勝地] に行ったことがありません。]

两 个 窗户 都 没(有) 开着。
Liǎng ge chuānghu dōu méi(you) kāizhe.

[二つの窓はどちらも開いていません。]

❖料理動詞あれこれ

煮 zhǔ：ゆでる。
涮 shuàn：熱湯にさっとくぐらせる。
焖 mèn：鍋の蓋をぴったりと閉じて，とろ火でゆっくり煮込む。
烧 shāo：(湯を) 沸かす；煮る；先に油で炒めるか揚げたあとで，さらに汁を加えて煮る。
蒸 zhēng：(蒸籠で) 蒸す。
烤 kǎo：直火で焼く。
煎 jiān：少量の油を使い，鉄板や鍋の上で焼く。
炒 chǎo：少量の油で炒める；食材をひっかき回したり寄せ集めたりしながら焼く。
爆 bào：強火を使い，高温の油で手早く炒める。
炸 zhá：多めの油で揚げる。

第 12 課　北京烤鸭

(zài Quánjùdé kǎoyā diàn)

Lǐ Tóng:　Xiànzài zài Běijīng hěn duō fànguǎnr dōu néng chīdào kǎoyā le, búguò zuì zhèngzōng de háishi Quánjùdé de.

Xiǎosēn:　Yào děng hěn cháng shíjiān ma?

Lǐ Tóng:　Búyòng ba. Cái guòle wǔ fēn zhōng, zài děng huǐr.

Xiǎosēn:　Zěnme bù bǎ kǎoyā duānguolai ne?

Lǐ Tóng:　Yíhuìr chúshī huì zài wǒmen miànqián bǎ yāzi piànchéng báopiànr, fàngzài pánzili, ránhòu fúwùyuán zài bǎ tāmen duānshanglai.

Xiǎosēn:　Gāng kǎohǎo de yāzi yánsè zhēn hǎokàn.

Lǐ Tóng:　Shànglai le. Kǎoyā yào chèn rè chī. Xiàng wǒ zhèyàng.

Xiǎosēn:　Hái tǐng fùzá de.

（在全聚德烤鸭店）

李童：现在在北京很多饭馆儿都能吃到烤鸭了，不过最正宗的还是全聚德的。

小森：要等很长时间吗？

李童：不用吧。才过了五分钟，再等会儿。

小森：怎么不把烤鸭端过来呢？

李童：一会儿厨师会在我们面前把鸭子片成薄片儿，放在盘子里，然后服务员再把它们端上来。

小森：刚烤好的鸭子颜色真好看。

李童：上来了。烤鸭要趁热吃。像我这样。

小森：还挺复杂的。

語　釈

2　fànguǎnr　饭馆儿　［名詞］レストラン；食堂。
　　chīdào　吃到　（〜を）食べる；口にする。◆〈動詞＋結果補語〉の構造。
　　zhèngzōng　正宗　［形容詞］正統の；由来正しい；本場の。
3　háishi　还是　［副詞］（あれこれ思案した結果の判断を示して）やはり；どちらかと言えば。
4　yào　要　［能願動詞］⇒学習のポイント12.1
5　búyòng　不用　［能願動詞］〜するには及ばない。◆"用"は「〜する必要がある」という意味の能願動詞であるが，通常は"不用"という否定の形で用いる。
　　fēn zhōng　分钟　〜分間。◆〈(数詞＋)量詞＋名詞〉の構造。⇒第10課「時間の表現」(p.139)
　　huǐr　会儿　［量詞］⇒学習のポイント12.2
6　bǎ　把　［前置詞］⇒学習のポイント12.3
　　duānguolai　端过来　運んでくる；運ばれてくる。◆〈動詞＋方向補語〉の構造。"端"は「両手で水平に持つ」ことを意味する動詞。方向補語"过来"は，動作がある地点から，話し手のいる別のある地点に向かってなされることを表す。⇒学習のポイント8.6
7　chúshī　厨师　［名詞］料理人；コック。
　　miànqián　面前　［方位詞］目の前；眼前。
　　yāzi　鸭子　［名詞］アヒル。
　　piànchéng　片成　〜に薄く切り取る；切り分ける。◆"片"は「薄く切る」という意味の動詞。"成"は「（…して）〜になる；〜に変わる」という意味の結果補語。第7課課文"变成"の語釈を参照。
　　báopiànr　薄片儿　［名詞］薄片；薄い切れ端；スライス。
　　fàngzài　放在　〜に置く。◆〈動詞＋結果補語〉の構造。"放"は「置く」を意味する動詞。"在"については学習のポイント10.4を参照。
8　pánzi　盘子　［名詞］大皿；お盆。

ránhòu 然后 ［副詞］それから；その後；そのうえで。
fúwùyuán 服务员 ［名詞］店員；接客係；案内係。◆広く，サービス業に従事する接客係・係員を指す。ここではレストランの給仕係。
zài 再 ［副詞］それから；その後で。◆ここでは上文の"然后"とともに用いられ，「…してから，その後で〜」という意味を表す。
duānshanglai 端上来 運んでくる；運ばれてくる。◆〈動詞＋方向補語〉の構造。方向補語"上来"は，「（料理などを）運ぶ・並べる」等の意味を表す動詞の後ろに用いて，「〜して来る；〜されて来る」という意味を表す。

9 kǎohǎo 烤好 きちんと焼く；うまい具合に焼き上がる。◆〈動詞＋結果補語〉の構造。"烤"は調理方法を表す「料理動詞」の一つで，直火で焼くことをいう。結果補語"好"の意味については，第8課課文"建好"の語釈を参照。
yánsè 颜色 ［名詞］色。
hǎokàn 好看 ［形容詞］美しい；きれいである；見ておもしろい；見る価値がある。

10 chèn 趁 ［前置詞］〜のうちに；〜に乗じて。
rè 热 ［形容詞］（温度が）熱い；（気候が）暑い。
xiàng 〜 zhèyàng 像〜这样 ⇒学習のポイント 12.5

11 tǐng 〜 de 挺〜的 ⇒学習のポイント 12.6
fùzá 复杂 ［形容詞］複雑である；込み入っている。

学習のポイント

12.1 能願動詞 "要"(1)

動詞の前に用い,「(話し手自らに対して,または他者に対して,当為のこととしてある行為や状況を求め) 〜しなければならない;〜でなければならない:〜する必要がある」という意味を表す。

我们 要 让 孩子 学 什么 呢？
Wǒmen yào ràng háizi xué shénme ne?

［私たちは子供に何を学ばせなければならないのだろうか？］

发烧 的 时候, 你 要 多 喝 一点儿 水。
Fāshāo de shíhou, nǐ yào duō hē yìdiǎnr shuǐ.

［熱が出た時には,少し多めに水を飲まなければならない。］

練習1 次の文を中国語に訳しなさい。

(1) 本場の中国料理〔中国菜 Zhōngguó cài〕が食べたければ,中国に行かなければならない。

(2) 台所〔厨房 chúfáng〕はきれい〔保持干净 bǎochí gānjìng〕でなければいけない。

(3) 新聞を予約する〔订报纸 dìng bàozhǐ〕には郵便局〔邮局 yóujú〕へ行かなければならない。

(4) 私たちはより〔更 gèng〕よく生き〔活 huó〕なければならない。

12.2 "一会儿"

短い時間幅を意味する数量表現。

(1) 動詞のうしろに用いて,動作の実行時間が短いことを示す。「ほんのしばらく;ちょっとの間」。

咱们　休息　一会儿　吧。［少し休みましょうよ。］
Zánmen xiūxi yíhuìr ba.

(2) 動詞の前または主語の前（文頭）に用いて，短時間ののちに問題の出来事が実現することを表す。「しばらくして；しばらくしたら；すぐに」。

一会儿　我　就　告诉　你。
Yíhuìr wǒ jiù gàosu nǐ.
［しばらくしたらあなたにお話しします。］

12.3 "把"構文

状態変化の対象，空間移動の対象，伝達・授与・譲渡の対象など，積極的な働きかけの影響を受ける動作対象を，前置詞"把"を用いて動詞の前に置くかたちの文を「"把"構文」という。"把"構文の動詞は一般に，動作の結果の対象の状態や，対象の移動先・譲渡先などを表す表現を後ろに伴う。

主語	述語				
	能願動詞	前置詞	名詞	動詞句	語気助詞
〔動作者〕 〜が・は		把 〜を	〔動作の対象〕	…する	
你 Nǐ	要 yào	把 bǎ	衣服 yīfu	洗干净。 xǐgānjìng.	
［君は服をきれいに洗わなければならない。］					
我 Wǒ		把 bǎ	机票 jīpiào	放在　背包里 fàngzài bēibāoli	啦。 la.
［私は飛行機のチケットをリュックサックの中に入れたよ。］					
妈妈 Māma		把 bǎ	那个　孩子 nèi ge háizi	抱回去 bàohuiqu	了。 le.
［お母さんはその子を抱きかかえて帰った。］					

※(1) "把"構文の否定には"没（有）"または"别"を"把"の前に用いる。

> 我 没（有）把 衣服 洗干净。
> Wǒ méi(you) bǎ yīfu xǐgānjìng.
> ［私は服をきれいに洗っていない。］
>
> 你 别 把 机票 放在 背包里！
> Nǐ bié bǎ jīpiào fàngzài bēibāoli.
> ［飛行機のチケットをリュックサックに入れてはいけません！］

(2) "把"で導かれる動作対象は，話し手と聞き手の間で，指示対象が特定可能なものに限られる。

> ×妈妈 把 一 个 孩子 抱回去 了。
> ×［お母さんは一人の子供を抱きかかえて帰った。］

練習2 次の文を中国語に訳しなさい。
(1) 彼は扉〔门 mén〕を押し開け〔推开 tuīkāi〕た。
(2) 服を脱い〔脱 tuō〕でしまい〔了 le〕なさい。
(3) 彼は財布をカバン〔书包 shūbāo〕の中に入れていません。
(4) 彼女は袖〔袖子 xiùzi〕を上へまくり〔卷 juǎn〕上げた。

12.4 主題化構文

特定の人や事物が文脈のなかで，すでに話題にのぼっている場合や，他者との対比で取り立てられる場合は，たとえ動作の対象（受動者）であっても，目的語の位置には置かれず，「主題」(topic)として文頭に置かれることが少なくない。人や事物が「主題」として文頭に置かれている文を「主題化構文」または「題述文」という。

> "我 去 买 <u>站台票</u>。" "<u>站台票</u> 在 哪儿 买？"
> "Wǒ qù mǎi zhàntáipiào." "Zhàntáipiào zài nǎr mǎi?"
> ［「私は入場券を買いに行きます。」「入場券はどこで買うのですか？」］
>
> <u>豆腐脑儿</u> 我 想 吃，<u>油饼</u> 我 不 想 吃。
> Dòufunǎor wǒ xiǎng chī, yóubǐng wǒ bù xiǎng chī.
> ［豆腐脑は食べたいが，揚げパンは食べたくない。］

主題	主語	述語
站台票		在 哪儿 买？
豆腐脑儿	我	想 吃。
书	你	还 huán 了 吗？
[本は返しましたか？]		

練習3 次の文を中国語に訳しなさい。
(1) あの本をあなたはもう買えましたか？
(2) 「あなたは上海〔上海 Shànghǎi〕に行きますか？」「北京〔北京 Běijīng〕には行きますが，上海には行きません。」
(3) 牛乳を私は二瓶〔瓶 píng〕飲みました。
(4) この小説は読み終わりましたが，あの小説はまだ読み終わっていません。

12.5　指示詞 "这样" "那样" "怎（么）样"

様態・性質・内容などを指し示す指示詞 "这样" "那样" "怎（么）样" には次のような用法がある。
(1) 述語に用いる。

　　他　总是　那样。[彼はいつもああなんだ。]
　　Tā zǒngshì nàyàng.

　　你 的 学习 最近　怎么样？[君の勉強は最近どうだい？]
　　Nǐ de xuéxí zuìjìn zěnmeyàng?

(2) "的" を伴って名詞を修飾する。

　　这样　 的 机会 并 不 多。[こんな機会はめったにない。]
　　Zhèyàng de jīhuì bìng bù duō.
　　他 是　怎么样　的 一 个 人？
　　Tā shì zěnmeyàng de yí ge rén?
　　　[彼はどのような人ですか？]

(3) "这样"と"那样"は,「("像"+)名詞+"这样／那样"+"的"」のかたちで,例示の意味を表す。「～のような；～みたいな」。

(像)　王　大爷　这样　的　老木匠　已经　很　少　了。
(Xiàng) Wáng dàye zhèyàng de lǎomùjiang yǐjing hěn shǎo le.
［王おじいさんのような熟練の大工はもうすっかり少なくなってしまった。］

近称	遠称	疑問詞（不定称）
这样	那样	怎(么)样
zhèyàng	nàyàng	zěn(me)yàng
コンナ(ダ)	ソンナ(ダ) ｜ アンナ(ダ)	ドンナ(ダ)
コノヨウ(デアル)	ソノヨウ(デアル) ｜ アノヨウ(デアル)	ドノヨウ(デアル)

12.6　副詞 "挺"

話し言葉で形容詞の前に用いて，程度の高さを表す。「とっても：すごく」。しばしば形容詞の後ろに"的"を添え,「"挺"+形容詞+"的"」のかたちで用いる。

这　个　孩子　挺　可爱　的。[この子はとってもかわいい。]
Zhèi ge háizi tǐng kě'ài de.

他　讲　故事　讲得　挺　生动　的。
Tā jiǎng gùshi jiǎngde tǐng shēngdòng de.
［彼の話す物語はすごく活き活きとしている。］

第 13 課　北京小吃

(zài Wángfǔjǐng xiǎochījiē)

Lǐ Tóng: Yào chī Běijīng xiǎochī jiù dào Wángfǔjǐng lái, yào shénme yǒu shénme, měitiān mùmíng lái zhèr chī xiǎochī de wàiguórén duōjíle.

Xiǎosēn: Shénme hǎo chī, nǐ gěi wǒ jièshàojieshao.

Lǐ Tóng: Duōde shǔbuqīng. Xiàng kǎochuànr la, zhájiàngmiàn la, xìngrén dòufu la, shuō dōu shuōbuquán.

Xiǎosēn: Nèi ge tānzishang bǎizhe nàme duō yángròuchuànr.

Lǐ Tóng: Yào bú yào chángchang?

Xiǎosēn: Wǒ pà chībuguàn. Xiān lái liǎng chuànr ba, chángchangkàn.

Lǐ Tóng: Lǎobǎn, gěi wǒmen liǎng chuàn yángròuchuànr.

Xiǎosēn: Wǒ lái fù qián.

Lǐ Tóng: Nà kě bùxíng. Nǐ shì kèren ma.

（在王府井小吃街）

李童：要吃北京小吃就到王府井来，要什么有什么，每天慕名来这儿吃小吃的外国人多极了。

小森：什么好吃，你给我介绍介绍。

李童：多得数不清。像烤串儿啦，炸酱面啦，杏仁豆腐啦，说都说不全。

小森：那个摊子上摆着那么多羊肉串儿。

李童：要不要尝尝？

小森：我怕吃不惯。先来两串儿吧，尝尝看。

李童：老板，给我们两串羊肉串儿。

小森：我来付钱。

李童：那可不行。你是客人嘛。

語釈

1. Wángfǔjǐng xiǎochījiē　王府井小吃街　［固有名詞］王府井大街の西側にあり，"小吃"を供する店舗が軒を連ねる一角。
2. yào　要　［能願動詞］⇒学習のポイント13.1
   jiù　就　［副詞］⇒学習のポイント13.2
   shénme ～ shénme　什么～什么　［疑問詞］⇒学習のポイント13.3
3. mùmíng　慕名　［動詞］名声を慕う。
   wàiguórén　外国人　［名詞］外国人。
   -jíle　-极了　［接尾辞］（形容詞の後ろに用い，程度が極まって最高であることを表し）きわめて（～である）；この上なく（～である）。
4. gěi　给　［前置詞］⇒学習のポイント13.4
   jièshào　介绍　［動詞］紹介する；引き合わせる。
5. shǔbuqīng　数不清　はっきりと数えることができない。◆不可能を表す動詞句構造（→学習のポイント10.2）。"数 shǔ"（「数える」）した結果，"清"（「はっきりしている；明らかである」）という状態が実現できない，つまり「数えてもはっきりさせることができない；正確に数えることができない」という意味を表す。なお，"数不清"はこれ全体が"多得"に対する様態補語（→学習のポイント7.1）として働いており，"多得数不清"で「多くてはっきりと数えることができない」という意味になる。
   xiàng　像　［動詞］（例示を表して）例えば～（のような；など）。
   kǎochuànr　烤串儿　［名詞］串焼き肉。◆細切れにした肉を調味料に漬け込み，串に刺して炭火などの直火で焼いたもの。
   la　啦　［語気助詞］～やら…やら。◆「～"啦"…"啦"」のかたちで主語や文頭の位置に用い，同類の事項を列挙する。この場合は，"像～啦，…啦，…"で，「例えば～やら…やら」という意味を表す。
   zhájiàngmiàn　炸酱面　［名詞］ジャージャー麺。◆油で炒めたみそをかけた麺類。

xìngrén dòufu　杏仁豆腐　[名詞] 杏仁豆腐。◆アンズの実をつぶして水に溶かし，砂糖などを加えて固めた食品。

6　dōu　都　[副詞] ～することさえ（～しない）。◆"都"の前後に同じ動詞の肯定形と否定形を並べ，程度のはなはだしさを表す。例："我动 dòng 都没动。"［私は身じろぎ一つしなかった。］

shuōbuquán　说不全　すべて言い尽くすことができない。◆不可能を表す動詞句構造。"说"（「話す」）した結果，"全"（「完全である；そろっている」）という状態が実現できないという意味を表す。ここでは"都"を挟んで肯定形"说"に対する否定形として述べられている。

7　tānzi　摊子　[名詞] 屋台；露店。

bǎi　摆　[動詞] 並べる；配置する。

yángròuchuànr　羊肉串儿　[名詞] 羊の串焼き。◆上文の"烤串儿"の内の羊肉を用いたもの。新疆地方からもたらされたものと言う。

8　cháng　尝　[動詞] 味見する；食べてみる。

9　pà　怕　[動詞] おそれる；怖がる；心配する；（～に）耐えられない。

chībuguàn　吃不惯　食べつけない；口に合わない。◆不可能を表す動詞句構造。"吃"（「食べる」）した結果，"惯"（「（動作が習慣になった結果）～し慣れる」）という状態が実現できないという意味を表す。

lái　来　[動詞]（相手に何かを命令・依頼する場合に用いて）～を持ってくる。

chuànr　串儿　[量詞] ～本；～串。◆一つながりになったものを数えるのに用いる。本文のようにr化されない場合もある。

kàn　看　[助詞] ⇒学習のポイント 13.6

10　lǎobǎn　老板　[名詞] 店主；経営者；（店の）主人。

gěi　给　[動詞] 与える；あげる。⇒学習のポイント 13.7

11　lái　来　[動詞] ⇒学習のポイント 13.8

fù　付　[動詞] 支払う。

12　kě　可　[副詞] 本当に；確かに（～である）。

bùxíng　不行　[形容詞] よくない；いけない；許されない。

kèren　客人　[名詞] 客；お客さん。

学習のポイント

13.1　能願動詞 "要"(2)

動詞の前に用い,「(意図として) ～しようとする；～するつもりだ」という意味を表す。

退休 以后, 我 要 回到 老家 去。
Tuìxiū yǐhòu, wǒ yào huídào lǎojiā qù.

［退職後, 私は故郷に帰るつもりだ。］

你 来得 真 巧, 我 正 要 找 你 呢。
Nǐ láide zhēn qiǎo, wǒ zhèng yào zhǎo nǐ ne.

［ちょうどいいところに来た。ちょうどいま君を訪ねようとしていたところだ。］

◎なお, "要"にはこの他にも,「(一般的な趨勢, 習慣, 必然の成り行きとして) ～するものである；～することになる」という用法もある。

在 北方, 过年 家家 都 要 包 饺子 吃。
Zài běifāng, guònián jiājiā dōu yào bāo jiǎozi chī.

［北方では, 正月にどの家でも餃子を作って食べるものである。］

人 总 是 要 死 的。
Rén zǒng shì yào sǐ de.

［人というものは必ず死ぬものなのである。］

練習1　次の文を中国語に訳しなさい。
(1) この子は一人であんな遠くに行こうとしている。
(2) 午後私は買い物〔买东西 mǎi dōngxi〕に行くつもりです。
(3) 彼はあなたのために〔给 gěi〕パソコンを修理して〔修电脑 xiū diànnǎo〕くれようとしている。

13.2 副詞"就"

直前に述べられた事柄を条件とし，その結果として引き起こされる事柄や判断を示す。「～なら…；～であるなら…；～とすると…」。

他 去，我 就 不 去。[彼が行くなら私は行きません。]
Tā qù, wǒ jiù bú qù.

看 他 没 伤着， 就 站起 身 往 屋里 走。
Kàn tā méi shāngzháo, jiù zhànqi shēn wǎng wūli zǒu.

[彼が怪我をしていないのを見ると，立ち上がって部屋の中へと入っていった。]

从 学校 门口 出去， 右边 就 有 一 个 小卖部。
Cóng xuéxiào ménkǒu chūqu, yòubian jiù yǒu yí ge xiǎomàibù.

[校門を出ると右側に一軒の売店があります。]

13.3 疑問詞連鎖

複文の関係にある前後の節に同一の疑問詞を用い，「任意の人や事物について，前節（＝従節）で述べる条件にかなうものはすべて後節（＝主節）で述べる命題に当てはまる」という意味を表す。

你 想 说 什么 就 说 什么。
Nǐ xiǎng shuō shénme jiù shuō shénme.

[（何でも話したいことがあれば，それをすべて話しなさい。→）話したいことを何でも話しなさい。]

共产党 像 太阳， 照到 哪里，哪里 亮。
Gòngchǎndǎng xiàng tàiyáng, zhàodào nǎli, nǎli liàng.

[共産党は太陽のようなもので，（どこでも照らせば，そこがすべて明るくなる→）照らされたところはどこでも明るくなる。(代表的な革命歌「東方紅」の一節)]

13.4　前置詞 "给"

人を表す名詞を伴い，事物や恩恵・利益を受け取る相手（受給者や受益者）を示す。「～に；～のために（…してやる）」。

主語（S）	述語			
	副詞	前置詞句	動詞（V）（＋接尾辞）	目的語（O）
妈妈 māma		给 孩子	洗 xǐ	脚 jiǎo。
［お母さんは子供のために足を洗ってやる。］				
我	也	给 你们	带 dài 来 了	一 个 好 消息 xiāoxi。
［私もあなたたちによい知らせを一つ持ってきてあげたよ。］				
她	从来 没有	给 我	做 zuò 过	饭 fàn。
［彼女はこれまで私のためにご飯を作ってくれたことがない。］				

練習2　次の日本語を中国語に訳しなさい。
(1) 私があなたに代わって電話をして〔打电话 dǎ diànhuà〕あげましょう。
(2) 先生が学生に『論語』〔《论语》«Lúnyǔ»〕を講義する〔讲 jiǎng〕。
(3) お母さんがマオマオ〔毛毛 Máomao〕にセーターを一着編んでやった。
(4) お父さんは私に本を二冊買ってくれた。

13.5　存現文

場所表現や時間表現を主語とし，人・事物・事象の存在や出現を述べ立てる文を「存現文」という。存現文の動詞には，存在動詞 "有" のほかに，動詞接尾辞の "了" や "着" を伴うかたちの動詞がしばしば用いられる。

主語	述語			語気助詞
	副詞	動詞（V）	目的語（O）	
〔場所・時間〕 …に／から		（…て）ある／ （…て）いる； …する／した	〔存在物・出現物〕 〜が	
我们　班 Wǒmen bān	也 yě	有 yǒu	几 个　留学生。 jǐ ge liúxuéshēng.	
〔私たちのクラスにも何人かの留学生がいる。〕				
他们　班 Tāmen bān		来了 láile	一 位　新同学。 yí wèi xīntóngxué.	
〔彼らのクラスに一人の新しい学生がきた。〕				
门口 Ménkǒu	还 hái	站着 zhànzhe	好　多 人 hǎo duō rén	呢。 ne.
〔入り口にはまだ多くの人が立っている。〕				
早上 Zǎoshang	又 yòu	下 xià	雨 yǔ	了。 le.
〔朝方，また雨が降った。〕				

※「雨が降る」や「花が開く」のような自然発生的な事象の存在や出現も存現文のかたちで表現される。

外边　刮　风　呢。
Wàibian guā fēng ne.

　〔外では風が吹いているよ。〕

开　花儿　了。
Kāi huār le.

　〔花が咲いた。〕

練習3　次の日本語を中国語に訳しなさい。
(1) 前から一台の自転車がやってきた。
(2) 庭〔院子 yuànzi〕（の中）には柳の木が一本〔一棵柳 yì kē liǔ〕植わって〔种 zhòng〕いる。
(3) 瓶〔瓶子 píngzi〕の中に一輪〔朵 duǒ〕の花が挿し〔插 chā〕てある。
(4) 黒板（の上）に彼の名前が書いて〔写 xiě〕ある。

13.6 試行を表す"~看"

重ね型の動詞の後ろに"看"を続けて,「(動作がもたらす効果や結果を期待しつつ)~してみる」という意味を表す。

这 件 衣服 合 不 合身, 你 穿穿看。
Zhèi jiàn yīfu hé bù héshēn, nǐ chuānchuankàn.
[この服,サイズが合うかどうか,着てみなさいよ。]

辣 不 辣？ 我 先 尝尝看。
Là bú là? Wǒ xiān chángchangkàn.
[辛い？ 私がまず味見してみましょう。]

13.7 二重目的語構文

人にものや情報を与える行為を意味する動詞 ("给 gěi [与える], 送 sòng [贈る], 找 zhǎo [(つり銭を)返す], 还 huán [返す], 借 jiè [貸す], 喂 wèi [食べさせる], 告诉 gàosu [知らせる], 教 jiāo [教える]" など) と, 人からものを得る行為を意味する動詞 ("要 yào [要求する], 收 shōu [受け取る], 借 jiè [借りる]" など) が2つの目的語を伴って構成される文を「二重目的語構文」という。

主語	述語		
	動詞	目的語₁ (人)	目的語₂ (もの／情報)
我	给	她	三百 块 钱。
[私は彼女に300元を与える。]			
他	送了	我	一 朵 duǒ 花 huā。
[彼は私に花を一輪贈った。]			
老李	告诉	我	一 件 喜事 xǐshì。
[李さんが私にうれしい話を1つ知らせる。]			
我	收了	他	十 块 钱。
[私は彼から10元を受け取った。]			

※(1) やりとりの対象になる「もの」を表す目的語には一般に，数量詞のついた名詞が用いられる。

(2) "借 jiè"には「(無料で) 貸す」と「(無料で) 借りる」の意味があるため，次の文は二義的である。

我 借 他 一 本 辞典。
〔私は彼に辞書を貸す。／私は彼から辞書を借りる。〕

練習4　次の文を中国語に訳しなさい。
(1) お母さんが子供〔孩子 háizi〕に牛乳〔牛奶 niúnǎi〕を飲ませる。
(2) 百元お預かりします。おつりは十元です。
(3) あなたにギョウザの包み方を教えてあげましょう。〔ギョウザを包む：包饺子 bāo jiǎozi〕
(4) あなたにひとつお尋ねします〔问 wèn〕。

13.8　積極性を表す"来"

動詞の前に用いて，積極的に動作に取り掛かろうとする姿勢を示したり，促したり気持ちを表す。

好，我 来 念 一下！〔よし，私が読んでみよう。〕
Hǎo, wǒ lái niàn yíxià!

你 来 唱 一 个！〔君が一つ歌ってみてよ！〕
Nǐ lái chàng yí ge!

文法ノート⑤

疑問詞いろいろ

疑問名詞：	谁 shéi［だれ］　什么 shénme［なに］
疑問指示詞：	哪 nǎ［どれ；どの］
疑問方位詞：	哪儿 nǎr［どこ］，哪里 nǎli［どこ］
疑問数詞：	几 jǐ［いくつ］，多少 duōshao［いくつ］
疑問副詞：	为什么 wèishénme［なぜ］，怎么 zěnme［どう；どうして］，多么 duōme［どんなに］
疑問動詞：	干吗 gànmá［どうする］
疑問状態詞：	怎么样 zěnmeyàng［どんなだ］

≪文法ミニ・レクチャー　その3≫

基本語順と前置詞の働き

　第1課の学習のポイント1.8でも説明されているように，中国語の動詞述語文の基本語順は，動作者が「主語」として動詞の前に立ち，受動者が「目的語」として動詞の後ろに続き，S・V・Oの順序で並ぶ。仮に，動作者を表す名詞を〈ダレ〉，受動者を表す名詞を〈ナニ〉，動詞を〈スル〉と記号化すると，
　　〈ダレ〉・〈スル〉・〈ナニ〉
という語順で並ぶということである。このとき，〈ダレ〉や〈ナニ〉に，日本語の「が」や「を」に相当する助詞（後置詞）のような成分が一切用いられず，また，〈ダレ〉や〈ナニ〉に，英語の人称代名詞のような格変化が一切起こらないというのが中国語の特徴である。
　では，動作者や受動者以外の言わば第三の人物や事物，あるいは空間の表現などが文に加わる場合はどうだろうか？　それらの表現は一般に「前置詞」に導かれて「前置詞＋名詞」というかたちで〈スル〉の前に置かれる。仮にこの「前置詞＋名詞」というフレーズ（「前置詞句」）を記号Pで表すとすると，
　　〈ダレ〉・P・〈スル〉・〈ナニ〉
という語順をとることになる。"我　在图书馆　看　书。"[私は図書館で本を読む]や"妈妈　给孩子　洗　脚。"[お母さんは子供のために足を洗ってやる]などがその一例である。また，さらにこの上に，動作の行なわれる時点すなわち〈イツ〉という表現が加わるときは，
　　〈イツ〉・〈ダレ〉・P・〈スル〉・〈ナニ〉
または
　　〈ダレ〉・〈イツ〉・P・〈スル〉・〈ナニ〉
という順序で並ぶ。
　なお，一般に，動作の行なわれる場所を表すPは，他のPよりも前に置かれることが多い。したがって，たとえば「今日・小森さんガ・家デ・友人ニ・日本料理ヲ・作ってやる」という日本語を中国語で表現すると，
　　今天　　　小森　　　在家　　　给朋友　　　　做日本菜。
　　Jīntiān　Xiǎosēn　zài jiā　gěi péngyou　zuò Rìběn cài.
あるいは
　　小森　　　今天　　　在家　　　给朋友　　　　做日本菜。
　　Xiǎosēn　jīntiān　zài jiā　gěi péngyou　zuò Rìběn cài.
のようになる。

第 14 課 爬长城

(Chángchéng jiǎoxià)

Lǐ Tóng: Pále yì tiān Chángchéng, yǒudiǎnr lèi le ba?

Xiǎosēn: Yìdiǎnr dōu bú lèi. Wǒ yǐjing bèi Chángchéng de jǐngsè xīyǐnzhù le.

Lǐ Tóng: Súhuà shuō: "Bú dào Chángchéng fēi hǎohàn". Jīntiān nǐ dōu pádào Chángchéng dǐngshàng le, tài liǎobuqǐ le.

Xiǎosēn: Gēn wǒ yìqǐ zhào zhāng xiàng ba, liú ge jìniàn.

Lǐ Tóng: Wǒ xiān gěi nǐ zhào yì zhāng, yídìng hěn měi.

Xiǎosēn: Bié wàngle yòng yóujiàn jìgěi wǒ.

Lǐ Tóng: Fàngxīn ba. Míngtiān nǐ jiùyào huíqu le, zhēn shěbude nǐ zǒu.

Xiǎosēn: Wǒ yě shì. Zhè jǐ tiān nǐ tiāntiān péizhe wǒ, gàosu wǒ nàme duō guānyú Běijīng de gùshi, xièxie nǐ!

Lǐ Tóng: Jìrán shì hǎo péngyou, hái kèqi shénme!

（长城脚下）

李童：爬了一天长城，有点儿累了吧？

小森：一点儿都不累。我已经被长城的景色吸引住了。

李童：俗话说："不到长城非好汉"。今天你都爬到长城顶上了，太了不起了。

小森：跟我一起照张相吧，留个纪念。

李童：我先给你照一张，一定很美。

小森：别忘了用邮件寄给我。

李童：放心吧。明天你就要回去了，真舍不得你走。

小森：我也是。这几天你天天陪着我，告诉我那么多关于北京的故事，谢谢你！

李童：既然是好朋友，还客气什么！

語　釈

1. Chángchéng　长城　［固有名詞］万里の長城。◆"万里 Wànlǐ 长城"とも言う。

   jiǎoxià　脚下　［名詞］足元；足の下。

2. pá　爬　［動詞］（山などに）登る。

   yǒudiǎnr　有点儿　［副詞］⇒学習のポイント 14.1

   lèi　累　［形容詞］疲れている。

3. yìdiǎnr dōu　一点儿都　⇒学習のポイント 14.2

   bèi　被　［前置詞］⇒学習のポイント 14.3

   jǐngsè　景色　［名詞］景色；風景。

   xīyǐnzhù　吸引住　引きつける。◆〈動詞＋結果補語〉の構造。"吸引"は「引きつける；吸い寄せる；集める」という意味の動詞で，"住"が結果補語。結果補語としての"住"は「しっかりと固定する」という意味を表す。例："你应该记住 jìzhù 我的话。"［私の話をきちんと覚えておきなさい。］（"记"は「記憶する；覚える」）

4. súhuà　俗话　［名詞］ことわざ；俚諺。

   dào　到　［動詞］（ある場所や時間などに）着く；到達する；至る。

   fēi　非　［動詞］〜にあらず；〜ではない。

   hǎohàn　好汉　［名詞］立派な男性；好漢。

   dōu　都　［副詞］すでに；もう。◆文末の語気助詞"了"とともに用いられる。

   pádào　爬到　〜に（まで）登る。◆〈動詞＋結果補語〉の構造。

   dǐngshàng　顶上　［名詞］頂上；てっぺん。

5. liǎobuqǐ　了不起　［形容詞］立派である；たいへんすばらしい；大したものである。

6. gēn　跟　［前置詞］⇒学習のポイント 14.4

   yìqǐ　一起　［副詞］一緒に。

   zhàoxiàng　照相　［動詞］写真を撮る。◆離合動詞の一つ。

zhāng 张 ［量詞］〜枚。⇒学習のポイント 14.5
liú 留 ［動詞］取っておく；残しておく；とどめておく。
jìniàn 纪念 ［名詞］記念；思い出。
7 zhào 照 ［動詞］（写真や映画を）写す；撮影する。
yídìng 一定 ［副詞］きっと；必ず。
měi 美 ［形容詞］美しい；きれいである。
8 yòng 用 ［前置詞］⇒学習のポイント 14.6
yóujiàn 邮件 ［名詞］郵便物。
jìgěi 寄给 〜に送る。◆"寄"は「郵送する」ことを意味する動詞。"给"は「〜に与える」を意味する前置詞であるが，ここでは"给我"という前置詞句が"寄"に対する結果補語として用いられている。⇒学習のポイント 14.7
9 fàngxīn 放心 ［動詞］安心する。◆"照相"と同じく離合動詞の一つ。
jiùyào 〜 le 就要〜了 ⇒学習のポイント 14.8
shěbude 舍不得 ［動詞］あきらめきれない；忍びない；惜しい。
10 péi 陪 ［動詞］同伴する；お供をする；付き添う。
gàosu 告诉 ［動詞］（〜に…を）告げる；知らせる。◆二重目的語構文を構成できる動詞の一つである。
guānyú 〜 de 关于〜的 〜に関する（…）；〜についての（…）。◆"关于"は「〜について」という意味を表す前置詞。
11 gùshi 故事 ［名詞］物語。
12 jìrán 既然 ［接続詞］〜であるからには；〜する以上。
péngyou 朋友 ［名詞］友だち；友人。
hái 还 ［副詞］（反語文に用いて）それでもまだ。◆例："都十二点了，还说早！"［もう 12 時だぞ。それでも早いというのか！（→早くなんかないぞ！）］
kèqi 客气 ［動詞］遠慮する。

学習のポイント

14.1 副詞 "有点儿"
好ましくない性質や状態をそのままに表現することを避け、控えめに「すこし～；ちょっと～」と表現するときに用いる。

> 我 知道 你 有点儿 怕。
> Wǒ zhīdao nǐ yǒudiǎnr pà.
>
> [あなたが少し怖がっていることは分かっています。]

> 这 道 题 有点儿 难。
> Zhè dào tí yǒudiǎnr nán.
>
> [この問題は少し難しい。]

14.2 "一点儿＋都"
「"一"＋量詞＋"都"」のかたちで否定形の述語を修飾し、「すこしも～ない；全然～ない」と意味で、否定の強調を表す。

> 这 个 节目 一点儿 意思 都 没有。
> Zhèi ge jiémù yìdiǎnr yìsi dōu méiyǒu.
>
> [この番組は少しもおもしろくない。]

> 我们 班 一 个 人 都 不 参加。
> Wǒmen bān yí ge rén dōu bù cānjiā.
>
> [私のクラスからは一人も参加しない。]

14.3 受け身構文
前置詞 "被 bèi，叫 jiào，让 ràng" を用い、「X（受動者）＋"被"＋Y（動作主）＋動詞」のかたちで「XがYに～させる」という意味を表す構文を「受け身構文」という。なお、動詞の後ろには完成や結果を表す成分を伴うことが多い。

主語 (X)	述語			
	副詞	"被／叫／让"	+ Y +	動詞 (句)
他 Tā		被 bèi	大家 dàjiā	批评了 一 番。 pīpíngle yì fān.
[彼はみんなにひとしきり批判された。]				
我们 的 钱 Wǒmen de qián		叫 jiào	人 rén	拿走 了。 názǒu le.
[私たちのお金は誰かに持ち逃げされてしまった。]				
桌子上 的 菜 Zhuōzishang de cài	都 dōu	让 ràng	他 tā	吃完 了。 chīwán le.
[テーブルの料理は全部彼に食べられてしまった。]				

※動作者が分からなかったり，あるいはそれを示す必要がない場合，"被"の後ろでは Y が省略されることがある。

　　上　个　星期　她　家　被偷　了。
　　Shàng ge xīngqī tā jiā bèitōu le.
　　[先週，彼女の家は泥棒に入られた。]

練習1　次の文を中国語に訳しなさい。
　(1)　私の自転車は誰かに乗って行かれ〔骑走 qízǒu〕た。
　(2)　仕事は全部彼にやられてしまった。〔仕事をする：干活儿 gàn huór〕
　(3)　コップ〔杯子 bēizi〕が割られてしまった。〔割る：打破 dǎpò〕
　(4)　あの小説は李童に借りて行かれた。

14.4　前置詞 "跟"
(1)　ある行為を向ける相手を示す。「〜に（対して）」

　　我　想　跟　你　打听　一下。
　　Wǒ xiǎng gēn nǐ dǎting yíxià.
　　[私はちょっとあなたにお尋ねしたいと思っています。]

(2) 共同動作の相手を示す。「～と」。

小王　　　想　跟　小刘　结婚。
Xiǎo-Wáng xiǎng gēn Xiǎo-Liú jiéhūn.
［王君は劉さんと結婚したいと思っている。］

我　昨天　跟　姐姐　吵架　了。
Wǒ zuótiān gēn jiějie chǎojià le.
［私は昨日お姉さんとケンカをした。］

14.5 "一"の省略
数量としての情報価値がそれほど重要でない「"一"＋量詞」が目的語の名詞の前に用いられるとき，数詞の"一"はしばしば省略される。

昨天　我　家　来了（一）个　客人。
Zuótiān wǒ jiā láile (yí) ge kèren.
［昨夜我が家に来客があった。］

你　怎么　了？　你　跟　我　说　（一）句　话　吧。
Nǐ zěnme le? Nǐ gēn wǒ shuō (yí) jù huà ba.
［どうしたんだい？私にちょっと話してみてくれよ。］

14.6　前置詞"用"
名詞を伴い，動作に用いる道具や材料を示す。「～を使って；～で」。

你　可以　用　铅笔　写。
Nǐ kěyi yòng qiānbǐ xiě.
［あなたは鉛筆で書いてもいいですよ。］

绍兴酒　　用　黄米　做，茅台酒　用　高粱　做。
Shàoxīngjiǔ yòng huángmǐ zuò, máotáijiǔ yòng gāoliang zuò.
［紹興酒はもちアワで作り，マオタイ酒はコウリャンで作る。］

14.7 結果補語 "给"

動詞の直後に，"给"を用いる前置詞句を結果補語として用い，事物や情報を受け取る相手を示す。

我　昨天　寄给　妈妈　一　封　信。
Wǒ zuótiān jìgěi māma yì fēng xìn.
［私は昨日お母さんに一通の手紙を送った。］

请　你　把　这　包　银耳　交给　你　爸爸。
Qǐng nǐ bǎ zhèi bāo yín'ěr jiāogěi nǐ bàba.
［どうかこのシロキクラゲの包みをお父さんにお渡しください。］

14.8 近接未来 "了"

語気助詞の"了"は副詞の"快"，"就"や能願動詞の"要"と呼応して用いられて，差し迫った未来に実現する事態を表す。「まもなく〜する；もう〜する」。

快　到　十一　点　了。
Kuài dào shíyī diǎn le.
［もうすぐ11時になる。］

飞机　就要　起飞　了。
Fēijī jiùyào qǐfēi le.
［飛行機はまもなく離陸する。］

他们　要　结婚　了。
Tāmen yào jiéhūn le.
［彼らは間もなく結婚する。］

練習2 次の日本語を｜　｜内の表現を用いて中国語に訳しなさい。
(1) 父は明後日にはもう退院〔出院 chūyuàn〕する。｜就〜了｜
(2) 列車はまもなく駅に到着する。｜快〜了｜
(3) お母さんは来年にはもう退職する。｜要〜了｜

文法ノート⑥

構文あれこれ

1 二重目的語構文：
    動詞 ＋ 目的語₁ ＋ 目的語₂
           (人)   (もの／情報)
    我 给   她   三百 块 钱。[私は彼女に300元を渡した。]
    Wǒ gěi   tā   sānbǎi kuài qián.

2 連動文：
    動詞（句）₁ ＋ 動詞句₂
    他   去（图书馆） 借 书。[彼は本を借りに図書館に行く]
    Tā   qù (túshūguǎn) jiè shū.
    我   写 信   告诉 他。[彼は手紙を書いて彼に知らせる]
    Wǒ   xiě xìn   gàosu tā.
    明天 有 人   找 我。[明日人が私を訪ねてくる。]
    Míngtiān yǒu rén zhǎo wǒ.

3 兼語文：
    動詞₁ ＋ 目的語[＝兼語] ＋ 動詞（句）₂
    我 请   你们   喝 咖啡。
    Wǒ qǐng nǐmen   hē kāfēi.
    [私があなた達にコーヒーをご馳走します。]

4 "的"構文：
    "你 在 哪儿 上的 车？" "在 天安门 上的。"
    "Nǐ zài nǎr shàngde chē?" "Zài Tiān'ānmén shàngde."
    [「あなたはどこで車に乗りましたか？」「天安門で乗りました。」]

5 主題化構文：
    主題   主語   述語
    吴宇博   我   不 认识。[呉宇博は私は知りません。]
    Wú Yǔbó wǒ   bú rènshi.
    站台票   在 哪儿 买？[入場券はどこで買うのですか？]
    Zhàntáipiào   zài nǎr mǎi?

6 "把"構文：
　　　　"把" ＋ 目的語 ＋ 動詞句
　　　他　　把　　門　　推開　了。［彼は扉を押し開けた。］
　　　Tā　　bǎ　　mén　 tuīkāi le.
　　　我　想　把　　他　　介绍给　你。
　　　Wǒ xiǎng bǎ　　tā　　jièshàogěi nǐ.
　　　［私は彼をあなたに紹介したいと思っています。］
7 使役構文：
　　　主語 ＋ "让／叫／使" ＋ 目的語［＝兼語］＋ 動詞（句）／形容詞（句）
　　　王　　老师　　让　　　　　小红　　　　随便　说说。
　　　Wáng lǎoshī　ràng　　　　 Xiǎohóng　　 suíbiàn shuōshuo.
　　　［王先生はシャオホンに思いのままに話させようとした。］
8 受け身構文：
　　　主語 ＋ "被／叫／让" ＋ 目的語 ＋ 動詞句
　　　他　　　　被　　　　大家　　批评了 一 番。
　　　Tā　　　　bèi　　　　dàjiā　 pīpíngle yì fān.
　　　［彼はみんなにひとしきり批判された。］

第15課　北京印象

　　Shàng ge xīngqī, wǒ qù Běijīng lǚyóu le. Zhè shì wǒ dì yī cì qù Běijīng. Yí ge duō xīngqī de shēnghuó, Běijīng gěi wǒ liúxiale shēnkè de yìnxiàng. Tā shì yí ge chōngmǎn huólì de chéngshì, chùchù dōu néng xiǎnshìchu zhèi ge yǒuzhe liùbǎi duō nián lìshǐ de gǔdū jì xiàndài yòu gǔlǎo de dútè mèilì. Běijīng rén yě hěn rèqíng, hái jìde wǒ bǎ shǒujī wàngzài sānlúnchēshang nèi jiàn shì ma? Méi xiǎngdào nèi wèi shīfu jūrán pǎohuilai bǎ tā huángěi wǒ. Nà yíkè, wǒ bèi shēnshēnde gǎndòng le. Wǒ wàngbuliǎo zài Běijīng guò de měi yì tiān. Zàijiàn, Běijīng! Wǒ hái huì qù kàn nǐ de.

上个星期，我去北京旅游了。这是我第一次去北京。一个多星期的生活，北京给我留下了深刻的印象。它是一个充满活力的城市，处处都能显示出这个有着六百多年历史的古都既现代又古老的独特魅力。北京人也很热情，还记得我把手机忘在三轮车上那件事吗？没想到那位师傅居然跑回来把它还给我。那一刻，我被深深地感动了。我忘不了在北京过的每一天。再见，北京！我还会去看你的。

語　釈

1. shàng　上　［指示詞］前の；先の。
   xīngqī　星期　［名詞］週；週間。◆"上个星期"で「先週」という意味を表す。⇒学習のポイント15.1，本課末「❣主な時間詞」(p.194)
   lǚyóu　旅游　［動詞］観光する；旅行する。
2. shēnghuó　生活　［名詞］生活。
   liúxia　留下　残す。◆〈動詞＋方向補語〉の構造。⇒学習のポイント15.2
   shēnkè　深刻　［形容詞］深刻である；深く刻み込まれている；深い。
   yìnxiàng　印象　［名詞］印象。
3. chōngmǎn　充满　［動詞］みなぎる；いっぱいになる。
   huólì　活力　［名詞］活力。
   chéngshì　城市　［名詞］都市。
   chùchù　处处　［副詞］あらゆるところ；どこでも。
   xiǎnshìchu　显示出　はっきりと現す；はっきりと映し出す。◆〈動詞＋方向補語〉の構造。⇒学習のポイント15.3
   yǒuzhe　有着　◆〈動詞＋"着"〉。複音節語を目的語として伴い，「(～を)持っている；備えている」という意味を表す。
4. lìshǐ　历史　［名詞］歴史。
   gǔdū　古都　［名詞］古都。
   jì～yòu…　既～又…　～でもあり（かつまた）…でもある。◆第4課課文の"又～又…"の語釈を参照。
   xiàndài　现代　［形容詞］近代的な；近代化された。
   dútè　独特　［形容詞］独特である；特別である。
   mèilì　魅力　［名詞］魅力。
5. hái　还　［副詞］（状況が変化していないことを表して）まだ；なお；依然として。
   jìde　记得　［動詞］覚えている；記憶している。

```
    jiàn    件    ［量詞］事柄・事件などの数を数えるのに用いる。
    shì     事    ［名詞］事；事柄。
6   wèi     位    ［量詞］〜名。◆敬意をもって人数を数えるのに用いる。
    jūrán   居然  ［副詞］意外にも；思いがけなくも；なんと。
    huán    还    ［動詞］返す；返却する。
    yíkè    一刻  ［名詞］一刻；瞬間。
    shēnshēnde  深深地  ［状態詞］深く；心から。⇒学習のポイント 15.4,
      15.5
    gǎndòng 感动  ［動詞］感動する；感銘を受ける。
7   guò     过    ［動詞］（時量表現を目的語にとって）（ある時間が）経過する；
      （ある時間を）過ごす。
    Zàijiàn. 再见。 また会いましょう；さようなら。
    hái     还    ［副詞］（ある事柄に別の何かが加わることを表し）また；その
      上；さらに。
8   kàn     看    ［動詞］会う；訪問する。
```

> 学習のポイント

15.1 時間詞

事態の発生する時点を表す「時間詞」は，主語の前か主語の後ろに用いられる。

"火车 <u>什么时候</u> 开 呀？" "<u>马上</u> 就 开。"
"Huǒchē shénmeshíhou kāi ya?" "Mǎshàng jiù kāi."
［「列車はいつ出発するんだい？」「もうすぐ出るよ。」］

你 <u>每天</u> 睡 午觉 吗？［あなたは毎日昼寝をしますか？］
Nǐ měitiān shuì wǔjiào ma?

<u>下 个 星期</u> 咱们 一起 去 王府井 吧。
Xià ge xīngqī zánmen yìqǐ qù Wángfǔjǐng ba.
［来週，一緒に王府井に行きましょうよ。］

孙 老师 <u>每天</u> <u>早上</u> 打 半 个 小时 太极拳。
Sūn lǎoshī měitiān zǎoshang dǎ bàn ge xiǎoshí tàijíquán.
［孫先生は毎朝30分間太極拳をする。］

練習1 192頁の「主な時間詞」を参考にして，次の日本語を中国語に訳しなさい。
(1) 「君はいつ卒業〔毕业 bìyè〕しますか？」「私は来年卒業します。」
(2) 私は明後日図書館へ本を返しに行く。
(3) 彼は来月北京から帰ってきます。

15.2 方向補語 "下来" の派生用法

方向補語として用いられる "下来" は，基本義として事物が「下がって来る；降りて来る」方向で移動が実現することを意味するが，派生用法として動作の結果，事物がその場に残り留まることを表す。

汽车　慢慢儿　停下来　了。
Qìchē mànmānr tíngxialai le.

［車はゆっくりと停車した。］

你　把　她　的　地址　记下来　吧。
Nǐ bǎ tā de dìzhǐ jìxialai ba.

［彼女の住所を書き留めておきなさい］

15.3　方向補語"出"の派生用法

方向補語として用いられる"出"は，基本義として具体的な事物が「（なかから外に）出る」方向で移動が実現することを意味するが，その他にも派生用法として，動作の結果，事物が新たに出現すること，生み出されること，出来上がることなどを表す。

她　的　眼睛里　流露出了　失望　的　神情。
Tā de yǎnjingli liúlùchule shīwàng de shénqíng.

［彼女の目には失望の色が浮かんだ。］

我　想　找　他　商量出　一　个　好　办法。
Wǒ xiǎng zhǎo tā shāngliangchu yí ge hǎo bànfǎ.

［私は彼と会って一つよい方法が見つかるよう話し合いたい。］

15.4　形容詞の重ね型

形容詞は一般に，そのままのかたちで用いると，事物の一般的・恒常的な「性質」や「属性」を表す。

乌鸦　黑，兔子　白。
Wūyā hēi, tùzi bái.

［カラスは黒く，ウサギは白い。］

胖　的人怕热，瘦　的人怕冷。
Pàng de rén pà rè, shòu de rén pà lěng.

［太った人は暑いのが苦手で，細い人は寒いのが苦手です。］

それに対して、"黒黒"（黒々としている；真黒である）や"急急忙忙（的）"（あたふたと；せわしげである）のように、形容詞を重ねたかたちで用いると、特定の状況の中で実感として捉えられた個別・具体的な「様子」や「状態」をありのままに生き生きと描き写す働きをもつ。

なお、二音節形容詞の重ね型には次のようないくつかのタイプの構成法があり、第一音節Xと第二音節Yが並列の関係で構成されている形容詞は(1)のタイプになり、第一音節Xと第二音節Yが修飾―被修飾の関係で構成されている形容詞は(2)のタイプになる。

(1) XXYY タイプ：

急急忙忙 ［あたふたと］　　清清楚楚 ［はっきりと明瞭］
jíjimángmáng　　　　　　qīngqingchǔchǔ

干干净净 ［さっぱりと清潔］　高高兴兴 ［うきうき嬉しそう］
gānganjìngjìng　　　　　　gāogaoxìngxìng

※このタイプでは2番目のXは軽声に近く発音される

(2) XYXY タイプ：

雪白雪白 ［まっ白］　　　　冰凉冰凉 ［ひんやり冷たい］
xuěbáixuěbái　　　　　　bīngliángbīngliáng

油亮油亮 ［つやつやしている］通红通红 ［まっ赤］
yóuliàngyóuliàng　　　　　tōnghóngtōnghóng

◎形容詞の重ね型は、述語・様態補語・連体修飾語・連用修飾語として用いられる。連用修飾語に用いられるときは助詞の"地 de"を伴い、それ以外は一般に"的 de"を伴って用いられる。

他 个子 高高的，人　瘦瘦的。
Tā gèzi gāogāode, rén shòushòude.
［彼は背丈はすらりと高くて、からだはほっそりとしています。］

她 能 说 一 口 地地道道的　广东话。
Tā néng shuō yì kǒu dìdidāodāode Guǎngdōnghuà.
［彼女は正真正銘の広東語を話せます。］

你　慢慢地　说，别　着急。
Nǐ mànmànde shuō, bié zháojí.
［ゆっくり話しなさい，あわてないで。］

15.5　助詞"地"

助詞の"地"は，二音節形容詞・形容詞の重ね型・形容詞句・一部の副詞の後ろについて，連用修飾語を構成し，動作の様子を描写する。

妈妈　温柔地　看了　女儿　一眼。
Māma wēnróude kànle nǚ'ér yìyǎn.
［母親はやさしく娘をちらりと見やった。］

大家　痛痛快快地　玩儿了　一　天。
Dàjiā tòngtongkuàikuàide wánrle yì tiān.
［みんなは思いっきり一日中遊んだ。］

練習2　〔　〕のなかの語句を適当に並べかえて，日本語の文の意味に相当する中国語文を完成させなさい。
(1) 彼はとてもまじめに宿題をしている。
　　〔他　做着　地　认真 rènzhēn　很　作业 zuòyè〕
(2) 子どもたちはうきうきと嬉しそうに帰って行った。
　　〔地　回去　高高兴兴　孩子们　了〕

15.6　基本構文の語順

（p.205「文法のまとめⅠ」の「4　基本構文の語順と主な構文」を参照）

主な時間詞

中国語においてよく使われる時間詞には次のようなものがある。

前天	昨天	今天	明天	后天	每天
qiántiān	zuótiān	jīntiān	míngtiān	hòutiān	měitiān
[おととい]	[昨日]	[今日]	[明日]	[あさって]	[毎日]

上 个 星期	这 个 星期	下 个 星期	每 个 星期
shàng ge xīngqī	zhè ge xīngqī	xià ge xīngqī	měi ge xīngqī
[先週]	[今週]	[来週]	[毎週]

前年	去年	今年	明年	后年	每年
qiánnián	qùnián	jīnnián	míngnián	hòunián	měinián
[おととし]	[昨年]	[今年]	[来年]	[再来年]	[毎年]

早上	上午	中午	下午	晚上
zǎoshang	shàngwǔ	zhōngwǔ	xiàwǔ	wǎnshang
[朝]	[午前]	[お昼]	[午後]	[夕方；夜]

文法のまとめⅠ

（〔　〕は本文の初出箇所（例：〔3〕…第3課本文），あるいは当該項目について解説のある学習のポイント（例：〔1.7〕…学習のポイント1.7）を表す）

1　主な品詞

名詞：

茶	雨	学校	門票	地铁	博物馆	自行车	……
chá	yǔ	xuéxiào	ménpiào	dìtiě	bówùguǎn	zìxíngchē	

人称代名詞〔1.7〕：

	1人称	2人称		3人称
単数	我 wǒ	你・您 nǐ・nín		他／她／它 tā
複数	我们 wǒmen	咱们 zánmen	你们 nǐmen	他们／她们／它们 tāmen

数詞〔第4課末「♥数の表現」；5.9〕：

(1) 基数：

半	一	二	两	三	四	五	六	七	八	九
bàn	yī	èr	liǎng	sān	sì	wǔ	liù	qī	bā	jiǔ

(2) 位数：

十	百	千	万	亿	……
shí	bǎi	qiān	wàn	yì	

量詞：

次	条	个	张	座	家	辆	趟	串儿	……
cì	tiáo	ge	zhāng	zuò	jiā	liàng	tàng	chuànr	

指示詞〔2.5；3.3；5.2；6.5；12.5〕：

	这 zhè コレ・コノ	这个 zhè(zhèi) ge コレ	这里・这儿 zhèli・zhèr ココ	这么 zhème コンナニ	这样 zhèyàng コンナ(ダ)
近称	这 zhè コレ・コノ	这个 zhè(zhèi) ge コレ	这里・这儿 zhèli・zhèr ココ	这么 zhème コンナニ	这样 zhèyàng コンナ(ダ)
遠称	那 nà アレ・アノ	那个 nà(nèi) ge アレ	那里・那儿 nàli・nàr アソコ	那么 nàme アンナニ	那样 nàyàng ソンナ(ダ)
不定称	哪 nǎ ドノ	哪个 nǎ(něi) ge ドレ	哪里・哪儿 nǎli・nǎr ドコ	多么 duōme ドンナニ	怎(么)样 zěn(me)yàng ドンナ(ダ)

疑問詞〔4.2；4.7；6.3；8.1；9.1 等〕：

 谁［だれ］ 什么［なに］ 哪［どの］ 哪里・哪儿［どこ］
 shéi   shénme nǎ   nǎli・nǎr

 几［いくつ］ 多少［いくつ］
 jǐ   duōshao

 怎么［どう；どうして］ 怎么样［どんなだ］ 多么［どんなに］
 zěnme   zěnmeyàng   duōme

 为什么［なぜ］ 什么时候［いつ］ 干吗［なにをする］
 wèishénme shénmeshíhou gànmá

       ⇒文法ノート5「疑問詞いろいろ」(p.172)

時間詞〔15.1〕：

 今天 明天 上个星期 这个星期
 jīntiān míngtiān shàng ge xīngqī zhèi ge xīngqī

 今年 明年 上午 下午
 jīnnián míngnián shàngwǔ xiàwǔ

 晚上 以前 冬天 ……
 wǎnshang yǐqián dōngtiān

       ⇒「✤主な時間詞」(p.192)

方位詞〔5.3〕：

 (1) 単音節方位詞：里 外 上 下 前 后 左 右
        lǐ wài shàng xià qián hòu zuǒ yòu

 (2) 二音節方位詞：左边 里边 上头 前面 对面 ……
        zuǒbian lǐbian shàngtou qiánmian duìmiàn

       ⇒「✤主な方位詞」(p.71)

動詞：

 (1) 一般動詞：来 看 住 发展 喜欢 ……
      lái kàn zhù fāzhǎn xǐhuan

 (2) 判断動詞：是〔3.4〕
      shì

(3) 存在動詞：有〔5.4〕
　　　　　　　yǒu
(4) 所在動詞：在〔3.6〕
　　　　　　　zài
(5) 方向動詞〔8.2〕

	进 jìn （入る）	出 chū （出る）	上 shàng （上る）	下 xià （下る）	回 huí （返る）	过 guò （越える）	起 qǐ （上がる）
来 lái	进来	出来	上来	下来	回来	过来	起来
去 qù	进去	出去	上去	下去	回去	过去	——

(6) 能願動詞：想　　可以　　会　　能　　得　　该　　要　……
　　　　　　　xiǎng　kěyǐ　huì　néng　děi　gāi　yào

動詞接尾辞：了〔8.3〕　　着〔9.2〕　　过〔11.4〕
　　　　　　-le　　　　-zhe　　　　-guo

⇒「文法ミニ・レクチャー　その2」(p.150)

接頭辞：
　第：（数詞の前に用いて序数を表し）第～；第～番目。〔1〕
　dì

形容詞：
　　贵　　老　　远　　漂亮　　著名　　方便　　好玩儿　……
　　guì　lǎo　yuǎn　piàoliang　zhùmíng　fāngbiàn　hǎowánr

副詞：
(1) 否定副詞：不〔2.9〕　　没（有）〔11.5〕　　别〔10.5〕
　　　　　　　bù　　　　　méi(you)　　　　　bié
(2) 程度副詞：很　　挺　　非常　　太　　多　　最　　还
　　　　　　　hěn　tǐng　fēicháng　tài　duō　zuì　hái
　　　　　　　有点儿　……
　　　　　　　yǒudiǎnr

(3) 時態副詞：剛　　已经　　在　　正　……
　　　　　　　gāng　yǐjing　zài　zhèng

(4) その他の副詞：也　　都　　就　　又　　再　　一起　　先　　只
　　　　　　　　　yě　dōu　jiù　yòu　zài　yìqǐ　xiān　zhǐ

　　　　　　　　　一定　　还　　常常　……
　　　　　　　　　yídìng　hái　chángcháng

前置詞：
　　在　　比　　离　　往　　从　　到　　对　　把　　给　　跟　　用　……
　　zài　bǐ　lí　wǎng　cóng　dào　duì　bǎ　gěi　gēn　yòng

助詞：
(1) 語気助詞：吗〔1.9〕　　呢〔4.8；5.5；5.8〕　　吧〔2.8；4.3〕
　　　　　　　ma　　　　　ne　　　　　　　　　　ba

　　　　　　　啊（哇；呀；哪）〔2.3〕　　了〔6.4；7.6；14.8〕
　　　　　　　a　（wa; ya; na）　　　　　le

　　　　　　　嘛〔8.7〕　……
　　　　　　　ma

(2) 構造助詞：的　　得　　地
　　　　　　　de　-de　de

接続詞：
　　不过　　而且　　还是　　所以　　和　　既然　……
　　búguò　érqiě　háishi　suǒyǐ　hé　jìrán

2　文の基本類型

2.1　基本構文の3類型 ── 述語のタイプによる分類

⇒文法ノート 4「基本構文の 3 類型」（p.149）

2.1.1　動詞述語文〔1.8〕

　　王　　老师　　来。
　　Wáng　lǎoshī　lái.

　　小李　　在　　图书馆。
　　Xiǎo-Lǐ　zài　túshūguǎn.

这 是 胡同儿。
Zhè shì hútòngr.

她 买了 三 张 车票。
Tā mǎile sān zhāng chēpiào.

2.1.2 形容詞述語文〔2.4〕

哈尔滨 冷。
Hā'ěrbīn lěng.

涮羊肉 真 好吃！
Shuànyángròu zhēn hǎochī!

2.1.3 名詞述語文〔11.6〕

我 妈妈 七十 岁。
Wǒ māma qīshí suì.

老陆 陕西 人。
Lǎo-Lù Shǎnxī rén.

2.2 文の4類型 ── 伝達機能のタイプによる分類

⇒文法ノート2「文の4類型」(p.114)

2.2.1 平叙文

［肯定文］　　　　　　　［否定文］

我 去。　　　　　　　　我 不 去。
Wǒ qù.　　　　　　　　Wǒ bú qù.

她 来 了。　　　　　　　她 没（有）来。
Tā lái le.　　　　　　　Tā méi(you) lái.

我 去过 北京。　　　　　我 没（有）去过 北京。
Wǒ qùguo Běijīng.　　　Wǒ méi(you) qùguo Běijīng.

他 是 留学生。　　　　　他 不 是 留学生。
Tā shì liúxuéshēng.　　　Tā bú shì liúxuéshēng.

门票 很 贵。　　　　　　门票 不 贵。
Ménpiào hěn guì.　　　　Ménpiào bú guì.

2.2.2 疑問文 ⇒文法ノート3「中国語の疑問文」(p.138)

(1) 当否疑問文〔1.9〕

他　明天　来　吗？
Tā míngtiān lái ma?

(2) 正反疑問文〔10.6〕

他　明天　来 不 来？
Tā míngtiān lái bù lái?

上海　的　冬天　冷 不 冷　呢？
Shànghǎi de dōngtiān lěng bù lěng ne?

(3) 選択疑問文〔7.7〕

咱们　（是）去　前门，还是　去　王府井？
Zánmen (shì) qù Qiánmén, háishi qù Wángfǔjǐng?

（是）地铁　便宜，还是　公共　汽车　便宜？
(Shì) Dìtiě piányi, háishi gōnggòng qìchē piányi?

(4) 疑問詞疑問文〔4.2 等〕

你 吃 什么？
Nǐ chī shénme?

邮局　在　哪儿？
Yóujú zài nǎr?

(5) 省略疑問文〔5.8〕

"我　认识 李　童。你 呢？" "我　不 认识。"
"Wǒ rènshi Lǐ Tóng. Nǐ ne?" "Wǒ bú rènshi."

2.2.3 命令文

小王，　你 来！
Xiǎo-Wáng, nǐ lái!

别　抽烟！〔10.5〕
Bié chōuyān!

2.2.4 感嘆文

多　漂亮！
Duō piàoliang!

3 文法構造と主な品詞の用法
3.1 名詞句の構造　⇒文法ノート1「名詞句の構造」(p.73)
3.1.1 名詞連接による名詞句
(a) 名詞＋名詞〔3.5〕：
　　爱情　小说，　　中国　老师，　　东北　菜，　　英文　报纸
　　àiqíng xiǎoshuō,　Zhōngguó lǎoshī,　Dōngběi cài,　Yīngwén bàozhǐ

(b) 名詞＋指示詞／方位詞〔3.8；5.3〕：
　　我　这儿，　博物馆　附近，　胡同儿里，　书店　对面
　　wǒ zhèr,　bówùguǎn fùjìn,　hútòngrli,　shūdiàn duìmiàn

3.1.2 代名詞からなる名詞句（代名詞＋親族名称／所属先）〔3.7〕：
　　我　妈妈，　你们　公司
　　wǒ māma,　nǐmen gōngsī

3.1.3 "的"を用いる名詞句
(a) 名詞／代名詞＋"的"＋名詞〔2.6〕：
　　孩子　的　照片，　　他们　的　爱好，　　鲁　迅　的　小说，
　　háizi de zhàopiàn,　tāmen de àihào,　Lǔ Xùn de xiǎoshuō,
　　昨天　的　事情
　　zuótiān de shìqing

(b) 動詞＋"的"＋名詞〔5.7〕：
　　去年　回国　的　人，　昨天　买　的　书
　　qùnián huíguó de rén,　zuótiān mǎi de shū

(c) 形容詞＋"的"＋名詞〔4.5〕：
　　非常　热闹　的　地方，　地道　的　上海　菜
　　fēicháng rènao de dìfang,　dìdao de Shànghǎi cài

(d) 名詞／代名詞／動詞／形容詞＋"的"〔5.7〕：
　　我　的，　现在　唱　的，　大　的
　　wǒ de,　xiànzài chàng de,　dà de

3.1.4 数量詞からなる名詞句（数詞＋量詞［＋名詞］）〔4.4〕：

一 个 ［人］， 五 位 ［大夫］， 三 把 ［钥匙］， 六 条 ［皮带］
yí ge [rén], wǔ wèi [dàifu], sān bǎ [yàoshi], liù tiáo [pídài]

3.1.5 指示詞からなる名詞句（指示詞＋数詞＋量詞［＋名詞］）〔5.2〕：

这（一）个［人］， 那 五 位 ［大夫］， 这 三 把 ［钥匙］，
zhè (yí) ge [rén], nà wǔ wèi [dàifu], zhè sān bǎ [yàoshi],

哪（一）条 ［皮带］
nǎ (yì) tiáo [pídài]

3.2 動詞句の構造

3.2.1 動詞接尾辞を伴う動詞句

她 买了 三 张 车票。(完了)〔8.3〕
Tā mǎile sān zhāng chēpiào.

你 饿 了 吧。 妈 正 做着 饭 呢！(動作の持続)〔9.2〕
Nǐ è le ba. Mā zhèng zuòzhe fàn ne!

我 看见 学生们 在 教室里 坐着。(動作の結果の持続)
Wǒ kànjiàn xuéshengmen zài jiàoshìli zuòzhe. 〔9.2〕

我 前年 看过 一 次 京剧。(経験)〔11.4〕
Wǒ qiánnián kànguo yí cì jīngjù.

3.2.2 動作量や回数を表す動詞句〔10.7〕

我 今天 游了 五百 米。
Wǒ jīntiān yóule wǔbǎi mǐ.

国庆节 我 想 回家 一 趟。
Guóqìngjié wǒ xiǎng huíjiā yí tàng.

3.2.3 補語を伴う動詞句

(a) 動詞＋"得"＋様態補語（形容詞（句））〔7.1〕

孩子 长得 很 快。
Háizi zhǎngde hěn kuài.

他 （说） 法语 说得 不 流利。
Tā (shuō) Fǎyǔ shuōde bù liúlì.

(b) 動詞＋結果補語

我 **走累** 了。〔6.9〕
Wǒ zǒulèi le.

我们 喝 茶 的 时候，茶叶 **放在** 杯子里。〔10.4〕
Wǒmen hē chá de shíhou, cháyè fàngzài bēizili.

你 要 把 衣服 **洗干净**。〔12.3〕
Nǐ yào bǎ yīfu xǐgānjìng.

我 昨天 **寄给** 妈妈 一 封 信。〔14.7〕
Wǒ zuótiān jìgěi māma yì fēng xìn.

(c) 動詞＋方向補語〔8.6；15.2；15.3〕

我 父亲 给 我 **寄来** 一 张 机票。
Wǒ fùqin gěi wǒ jìlai yì zhāng jīpiào.

汽车 慢慢儿 **停下来** 了。
Qìchē mànmānr tíngxialai le.

她 的 眼睛里 **流露出了** 失望 的 神情。
Tā de yǎnjingli liúlùchule shīwàng de shénqíng.

(d) 可能／不可能を表す動詞句構造〔10.2〕

车厢里 很 吵，**听不清** 广播。
Chēxiāngli hěn chǎo, tīngbuqīng guǎngbō.

你 开着 灯 **睡得着** 吗？
Nǐ kāizhe dēng shuìdezháo ma?

3.3 重ね型の構造

3.3.1 動詞の重ね型〔6.6〕

咱们 休息休息 吧。
Zánmen xiūxixiūxi ba.

3.3.2 量詞の重ね型〔9〕

这里 的 酒吧 **家家** 都 很 有 特色。
Zhèli de jiǔbā jiājiā dōu hěn yǒu tèsè.

3.3.3 形容詞の重ね型〔15.4〕

他 **个子 高高的**，人 **瘦瘦的**。
Tā gèzi gāogāode, rén shòushòude.

你 **慢慢地** 说，别 着急。
Nǐ mànmànde shuō, bié zháojí.

3.4 連用修飾の構造

3.4.1 副詞による連用修飾

他 **很** 活泼。〔2.7〕
Tā hěn huópo.

他 **不** 认识 你。〔2.9〕
Tā bú rènshi nǐ.

李 童 **也** 来 吗？〔3.9〕
Lǐ Tóng yě lái ma?

这 条 裤子 **太** 长 了。〔6.4〕
Zhèi tiáo kùzi tài cháng le.

这 个 孩子 **挺** 可爱 的。〔12.6〕
Zhèi ge háizi tǐng kě'ài de.

我 知道 你 **有点儿** 怕。〔14.1〕
Wǒ zhīdao nǐ yǒudiǎnr pà.

快 到 十一 点 了。〔14.8〕
Kuài dào shíyī diǎn le.

3.4.2 時間詞や時点表現による連用修飾〔15.1〕

"火车 **什么时候** 开 呀？""**马上** 就 开。"
"Huǒchē shénmeshíhou kāi ya?" "Mǎshàng jiù kāi."

孙 老师 **每天** 早上 打 半 个 小时 太极拳。
Sūn lǎoshī měitiān zǎoshang dǎ bàn ge xiǎoshí tàijíquán.

3.4.3 前置詞句による連用修飾

我 **在** 图书馆 看 书。〔6.7〕
Wǒ zài túshūguǎn kàn shū.

我 家 离 学校 很 近。[7]
Wǒ jiā lí xuéxiào hěn jìn.

我 比 他 矮 五 公分。[7.4]
Wǒ bǐ tā ǎi wǔ gōngfēn.

往 北 走 几 百 米 就 是 北京 金融街。[8]
Wǎng běi zǒu jǐ bǎi mǐ jiù shì Běijīng Jīnróngjiē.

我们 刚 从 学校 回来。[9.5]
Wǒmen gāng cóng xuéxiào huílai.

到 我 这儿 来 吧！[9.6]
Dào wǒ zhèr lái ba!

他们 对 我 都 非常 热情。[9.7]
Tāmen duì wǒ dōu fēicháng rèqíng.

妈妈 给 孩子 洗 脚。[13.4]
Māma gěi háizi xǐ jiǎo.

小王 想 跟 小刘 结婚。[14.4]
Xiǎo-Wáng xiǎng gēn Xiǎo-Liú jiéhūn.

你 可以 用 铅笔 写。[14.6]
Nǐ kěyi yòng qiānbǐ xiě.

3.5 能願動詞の用法

我 今天 不 想 骑车。[4.6]
Wǒ jīntiān bù xiǎng qí chē.

大家 都 可以 提 意见。[5.6]
Dàjiā dōu kěyǐ tí yìjiàn.

广东 人 会 讲 普通话 吗？[6.1]
Guǎngdōng rén huì jiǎng pǔtōnghuà ma?

中国 哪些 地方 的 人 最 能 喝酒？[6.8]
Zhōngguó nǎ xiē dìfang de rén zuì néng hē jiǔ?

他 一定 会 成功。[8.5]
Tā yídìng huì chénggōng.

这 个 问题 你 还 得 考虑考虑。[10.3]
Zhèi ge wèntí nǐ hái děi kǎolùkaolü.

你 不 该 一 个 人 去。[11.2]
Nǐ bù gāi yí ge rén qù.

发烧 的 时候, 你 要 多 喝 一点儿 水。[12.1]
Fāshāo de shíhou, nǐ yào duō hē yìdiǎnr shuǐ.

退休 以后, 我 要 回到 老家 去。[13.1]
Tuìxiū yǐhòu, wǒ yào huídào lǎojiā qù.

3.6 接続詞の用法

很 方便, 而且 很 便宜。[6]
Hěn fāngbiàn, érqiě hěn piányi.

原来 这里 都 是 胡同儿 和 四合院儿。[8]
Yuánlái zhèli dōu shì hútòngr hé sìhéyuànr.

既然 是 好 朋友, 还 客气 什么! [14]
Jìrán shì hǎo péngyou, hái kèqi shénme!

3.7 語気助詞の用法

你 买 围巾 吗? [1.9]
Nǐ mǎi wéijīn ma?

北京 西站 真 大 啊! [2.3]
Běijīng Xīzhàn zhēn dà a!

现在 找 工作 很 难 吧。[2.8]
Xiànzài zhǎo gōngzuò hěn nán ba.

咱们 一起 回家 吧! [4.3]
Zánmen yìqǐ huíjiā ba!

怎么 办 呢? [4.8]
Zěnme bàn ne?

你 的 眼镜 在 桌子上 呢。[5.5]
Nǐ de yǎnjìng zài zhuōzishang ne.

"我 认识 李 童。你 呢?" "我 不 认识。"[5.8]
"Wǒ rènshi Lǐ Tóng. Nǐ ne?" "Wǒ bú rènshi."

长途 汽车 到 太原 了。〔7.6〕
Chángtú qìchē dào Tàiyuán le.

我 本来 就 不 想 去 嘛。〔8.7〕
Wǒ běnlái jiù bù xiǎng qù ma.

4 基本構文の語順と主な構文

4.1 基本構文の語順

主語	述語				
小森 Xiǎosēn	今天 jīntiān	在 家 zài jiā	给 朋友 gěi péngyou	做 zuò	日本 菜。 Rìběn cài.
他 Tā	明天 míngtiān	在 学校 zài xuéxiào	跟 老师 gēn lǎoshī	见面。 jiànmian.	
ダレが	イツ	前置詞句（ドコ）	前置詞句（~ノタメニ／~ト）	スル	ナニを

4.2 主な構文 ⇒文法のノート6「構文あれこれ」(p.182)

(1) 二重目的語構文〔13.7〕

我 给 她 三百 块 钱。
Wǒ gěi tā sānbǎi kuài qián.

(2) 連動文〔7.8；9.4〕

他 去 (图书馆) 借 书。
Tā qù (túshūguǎn) jiè shū.

我 打 电话 告诉 她。
Wǒ dǎ diànhuà gàosu tā.

明天 有 人 来 找 我。
Míngtiān yǒu rén lái zhǎo wǒ.

(3) 兼語文〔9.3〕

我 爸爸 请 她 当 我 的 家教。
Wǒ bàba qǐng tā dāng wǒ de jiājiào.

(4) "的" 構文〔7.2〕

(是) 谁 弄坏的 教室 的 门？
(Shì) Shéi nònghuàide jiàoshì de mén?

(5) 主題化構文〔12.4〕
"我 去 买 站台票。" "站台票 在 哪儿 买？"
"Wǒ qù mǎi zhàntáipiào." "Zhàntáipiào zài nǎr mǎi?"
豆腐脑儿 我 想 吃, 油饼 我 不 想 吃。
Dòufunǎor wǒ xiǎng chī, yóubǐng wǒ bù xiǎng chī.

(6) "把"構文〔12.3〕
你 要 把 衣服 洗干净。
Nǐ yào bǎ yīfu xǐgānjìng.

(7) 使役構文〔10.1〕
王 老师 让 小红 随便 说说。
Wáng lǎoshī ràng Xiǎohóng suíbiàn shuōshuo.

(8) 存現文〔13.5〕
他们 班 来了 一 位 新同学。
Tāmen bān láile yí wèi xīntóngxué.

门口 还 站着 好 多 人 呢。
Ménkǒu hái zhànzhe hǎo duō rén ne.

(9) 受け身構文〔14.3〕
他 被 大家 批评了 一 番。
Tā bèi dàjiā pīpíngle yì fān.

練習問題解答例

第1課
練習1
(1) 我买书。(私は本を買う。)
(2) 李童看小说。(李童は小説を読む。)
(3) 我爱他。／他爱我。(私は彼を愛している。／彼は私を愛している。)

練習2
(1) 他们去广州吗？
(2) "你喝茶吗？""不喝。我喝咖啡。"

第2課
練習1
(1) 大连冷吗？
(2) 武汉真闷热（啊）！

練習2
(1) "我的书在哪儿？""在那儿。"
(2) 这儿闷热吗？

練習3
(1) 他们不去广州。
(2) 我不吃肉。
(3) 门票不贵。

第3課
練習1
(1) "那是什么？""那是我的书。"
(2) 我们也是学生。

練習2
(1) 她在办公室吗？
(2) 李童不在北京吧。
(3) 围巾在二楼吗？

練習 3
(1) 他也是北京人吗？
(2) 她认识他，我也认识他。
(3) 重庆也这么闷热啊！

第 4 課
練習 1
(1) "你买什么？""我买大衣。"
(2) "他们在几楼？""他们在五楼。"
(3) "你找谁？""我找小红。"
(4) "你家在哪儿？""我家在故宫旁边儿。"

練習 2
(1) 每天早上我吃四块面包。
(2) 明天李童买一张桌子。
(3) 你喝两杯牛奶吧。
(4) 她养六条鱼。

練習 3
(1) 这是最好的方法。
(2) 她想买一款非常贵的手机。
(3) 有意思的想看，没意思的不想看。

練習 4
(1) "你喝几杯牛奶？""我喝三杯。"
(2) "他养几头牛？""他养九头。"

第 5 課
練習 1
(1) 李童在候车室里。
(2) 外面冷，里面暖和。
(3) 上边儿的行李里头有什么？
(4) 你右边是哪位？

練習 2
(1) 桌子上有很多书。

(2) 一楼有两家书店。
(3) 这附近没有好玩儿的地方。
(4) 学校里面有食堂吗?

練習 3
(1) 你明天可以来吗?
(2) 她可以去，你也可以去。
(3) 你可以坐公共汽车啊。
(4) 骆驼可以几天不喝水。

練習 4
(1) 这是我刚买的围巾。
(2) 现在住四合院儿的人多吗?
(3) 今天售票点没有排队的人。
(4) 粥是喝的，不是吃的。

第 6 課

練習 1
(1) 你会踢足球吧?
(2) 她很会照顾人。
(3) 你会游泳吗?
(4) 他很会演戏。

練習 2
(1) 这个太大了。
(2) 太感谢你了。
(3) 最近可忙了，我去不了你那儿。
(4) 这个问题最复杂了。

練習 3
(1) 可以
(2) 能
(3) 会

第 7 課
　練習 1
　　(1) 得非常快
　　(2) 得不好看
　　(3) 得很好听
　練習 2
　　(1) 她游得很快。
　　(2) 他汉语学得很认真。
　　(3) 我油画画得不好。
　　(4) 吃饭不能吃得太快。
　練習 3
　　(1) "你在哪儿上的车？""我在前门上的。"
　　(2) "是谁给你织的毛衣？"
　　(3) "李童什么时候买的那件衬衫？""去年买的。"
　　(4) "我不是在图书馆看的书。"
　練習 4
　　(1) 她在学校，还是在家？
　　(2) 你游得快，还是他游得快？
　　(3) 你打算在北京找工作，还是在上海找工作？
　　(4) 是他弄坏的，还是她弄坏的？
　練習 5
　　(1) 来我家玩儿吧。
　　(2) 她去西藏旅行了。
　　(3) 他用毛笔写信。
　　(4) 我坐公共汽车去北海公园了。

第 8 課
　練習 1
　　(1) 上来一位老奶奶。你起来吧。
　　(2) 我可以进去吗？
　　(3) 姐姐坐公共汽车回来吧。

練習 2
(1) 我昨天在超市买了两个苹果。
(2) 她今天在百货大楼买了一条围巾。
(3) 刚才李童捡了一个钱包。
(4) 我还没写完信。

練習 3
(1) 爸爸一定会生气的。
(2) 这么晚出发，不会迟到吗？
(3) 现在他不会在家。
(4) 今天会下雪。

練習 4
(1) 他立刻站起来了。
(2) 邻居的那条狗从墙外跳过来了。
(3) 小王跑进院子里来了。
(4) "谁买回来的这条围巾？""是你爸买回来的。"

第 9 課

練習 1
(1) 她在房间里写着信。
(2) 他在门口等着你呢。
(3) 墙上贴着一张年画。
(4) 咱们坐着谈吧。

練習 2
(1) 我请他拿行李。
(2) 很多人求她帮忙。
(3) 李老师嘱咐他一定要复习。
(4) 她要我一个人进去。

練習 3
(1) 我还有很多事情要做。
(2) 我没有茶喝了。
(3) 这个公园没有地方可坐。
(4) 我有一个问题要问。

練習 4
(1) 他到哪儿去了?
(2) 从上海到北京坐飞机要多少钱?
(3) 咱们到火车站坐车吧。
(4) 他是从福州寄来的这封信。

第 10 課
練習 1
(1) 她让我坐下。
(2) 这个消息使他很高兴。
(3) 主任叫小毛早点儿回家。
(4) 让落后变成先进。

練習 2
(1) 黑板上的字你看得见吗?
(2) 吃这种药治得好病吗?
(3) "你听得懂广东话吗?" "完全听不懂。"
(4) 我相信你一定做得到。

練習 3
(1) 小红跳在地上了。
(2) "我的钱包在哪儿?" "放在保险箱里了。"
(3) 她住在北京。

練習 4
(1) 到故宫远不远?
(2) 你买到那款手机了没有?
(3) 他家在不在博物馆附近?
(4) 你是不是去年买的这件大衣?

練習 5
(1) 你再说一遍。
(2) 我在中国看过两次京剧。

第11課
練習1
(1) 以前她参加过奥运会。
(2) 你在中国坐过火车吗?
(3) 有谁在国外开过车吗?
(4) 我还记得那时听过的歌。

練習2
(1) 我姐姐二十岁了。
(2) 一个人两个。
(3) 明天不是星期四。
(4) 你们几位呢?

練習3
(1) 北京没有香港热。／香港没有北京冷。
(2) 你的房间没有我的房间大。
(3) 黄河没有长江长。
(4) 我姐姐没有我哥哥高。

第12課
練習1
(1) 想吃地道的中国菜就要去中国。
(2) 厨房要保持干净。
(3) 订报纸要去邮局。
(4) 我们要活得更好。

練習2
(1) 他把门推开了。
(2) 你把衣服脱了吧。
(3) 他没有把钱包放在书包里。
(4) 她把袖子卷起来了。

練習3
(1) 那本书你已经买到了没有?
(2) "你去上海吗?" "北京我去,上海我不去。"
(3) 牛奶我喝了两瓶。

(4) 这本小说我看完了，那本小说还没看完。

第13課
練習1
(1) 这个孩子要一个人去那么远的地方。
(2) 下午我要去买东西。
(3) 他要给你修电脑。

練習2
(1) 我给你打电话吧。
(2) 老师给学生讲《论语》。
(3) 妈妈给毛毛织了一件毛衣。
(4) 爸爸给我买了两本书。

練習3
(1) 前面来了一辆自行车。
(2) 院子里种着一棵柳。
(3) 瓶子里插着一朵花。
(4) 黑板上写着他的名字。

練習4
(1) 妈妈喂孩子牛奶。
(2) 收了您一百块钱。找您十块钱。
(3) 我来教你包饺子。
(4) 我问你一个问题。

第14課
練習1
(1) 我的自行车被人骑走了。
(2) 活儿都被他干完了。
(3) 杯子被打破了。
(4) 那本小说叫李童借走了。

練習2
(1) 爸爸后天就出院了。
(2) 火车快到车站了。

(3) 妈妈明年要退休了。

第 15 課
練習 1
(1) "你什么时候毕业？""我明年毕业。"
(2) 我后天去图书馆还书。
(3) 他下个月从北京回来。

練習 2
(1) 他很认真地做着作业。
(2) 孩子们高高兴兴地回去了。

語彙索引

※数字は本文の頁/行, 頁/学習のポイント数。なお, 学習のポイントで取り上げた語彙については, その頁/学習のポイント数をゴチックで示し, 本文の初出箇所もあわせて示す。

● A
a 啊　**26/2.3**　35/5
ǎi 矮　97/7.4
ài 爱　30/2.9
àihào 爱好　28/2.6
àiqíng 爱情　40/3.5
àiren 爱人　96/7.3
ai 哎　103/10
aiya 哎呀　141/10
Àoyùnhuì 奥运会　146/11.4

● B
bā 八　54
bǎ 把　50/4.4
bǎ 把　153/6　**157/12.3**
bàba 爸爸　65/5.3
ba 吧　23/4　**29/2.8**
ba 吧　45/2　**49/4.3**
bái 白　189/15.4
bǎi 百　54
bǎi 摆　163/7
bǎihuòdàlóu 百货大楼　109/8.3
bān 班　70/5.9
bàn 半　72　188/15.1
bàn 办　52/4.8
bànfǎ 办法　83/6.4
bàngōngshì 办公室　41/3.6
bāngmáng 帮忙　124/9.3
bāo 包　181/14.7
bāo(jiǎozi) 包(饺子)　166/13.1
bāor 包儿　129/6
báopiànr 薄片儿　153/7
-bǎo V饱　87/6.9

bǎochí 保持　156/12.1
bǎoxiǎnxiāng 保险箱　134/10.4
bào 爆　151
bào 报　29/2.9
bào(huiqu) 抱(回去)　157/12.3
bàomíng 报名　87/6.8
bàozhǐ 报纸　40/3.5
bēi 杯　50/4.4
bēibāo 背包　157/12.3
bēizi 杯子　66/5.4
běi 北　103/2
běifāng 北方　166/13.1
Běihǎi gōngyuán 北海公园　100/7.8
Běijīng 北京　13/3
Běijīngchéng 北京城　141/1
Běijīng Jīnróngjiē 北京金融街　103/2
Běijīng Xīzhàn 北京西站　26/2.3
bèi 被　175/3　**178/14.3**
běn 本　64/5.2
běnlái 本来　112/8.7
bǐ 比　91/4　**97/7.4**
bǐ 笔　16/1.5
bìyè 毕业　188/15.1
biàn 变　91/7
biàn 遍　137/10.7
Biànyifáng 便宜房　142
biǎoyǎn 表演　59/8
bié 别　129/6　**135/10.5**　158/12.3
bié～le 别～了　141/10
bié kèqi 别客气　129/10
biérén 别人　145/11.3
bīngliángbīngliáng 冰凉冰凉　190/15.4
bìng 并　159/12.5

bōlichuāng 玻璃窗 88/6.9
bówùguǎn 博物馆 35/5
bù 不 23/5 **29/2.9**
bú dà~ 不大~ 79/2
búguò 不过 79/2
bù hǎoyìsi 不好意思 129/9
bú kèqi 不客气 13/5
bú shì~ma? 不是~吗？ 103/10 **113/8.9**
bùxíng 不行 163/12
búyào 不要 95/7.1
búyòng 不用 153/5
-bu- V不- 129/2 **133/10.2**
-buliǎo V不了 117/2

●C
cái 才 79/8
cài 菜 40/3.5
càidāo 菜刀 56
cānguān 参观 23/1
cānjiā 参加 178/14.2
cānmóu 参谋 132/10.1
cāntīng 餐厅 135/10.6
chā 插 169/13.5
cháyè 茶叶 59/5
cházhuāng 茶庄 59/2
chà 差 72
chán 馋 141/10
chǎnpǐn 产品 82/6.3
cháng 长 103/7
cháng 尝 163/8
chángcháng 常常 19/1.9 91/9
Chángchéng 长城 175/1
Chángjiāng 长江 148/11.7
chángtú qìchē 长途汽车 98/7.6

chàng 唱 68/5.7
chāoshì 超市 109/8.3
chǎo 吵 133/10.2
chǎo 炒 151
chǎojià 吵架 180/14.4
chē 车 129/7
chēpiào 车票 69/5.9
chēxiāng 车厢 133/10.2
chēzhàn 车站 92
Chén 陈 148/11.7
chèn 趁 153/10
chènshān 衬衫 96/7.2
-chéng V成 91/2 91/7
chénggōng 成功 110/8.5
chéngshì 城市 185/3
chéngwéi 成为 117/10
chī 吃 141/1
chībuguàn 吃不惯 163/9
chīfàn 吃饭 52/4.8
chī hē wán lè 吃喝玩乐 59/3
chídào 迟到 110/8.5
chōngmǎn 充满 185/3
Chóngqìng 重庆 43/3.9
chōuyān 抽烟 67/5.6
chū 出 103/2 **106/8.2**
chūfā 出发 110/8.5
chūlai 出来 106/8.2
chūmén 出门 145/11.2
chūqu 出去 106/8.2 167/13.2
chūyuàn 出院 181/14.8
chúfáng 厨房 156/12.1
chùchù 处处 185/3
-chu V出 185/3 **189/15.3**
-chuqu V出去 111/8.6
chuān 穿 122/9.2

chuànr	串儿	163/9		dào	道	178/14.1
chuānghu	窗户	150		-dào	V到	79/11
chuāngkǒu	窗口	64/5.2		de	的	23/4 **28/2.6**
chuáng	床	134/10.4		de	的	45/4 **51/4.5**
Chūnjié	春节	93		de	的	59/3 59/5 **68/5.7**
cì	次	13/3 141/8		de	的	103/3 110/8.5
cóng	从	117/8 **125/9.5**		de	的	141/3
cóng～dào…	从～到…	117/8		de	的	190/15.4
cónglái	从来	168/13.4		de	地	185/6 190/15.4 **191/15.5**
cóngqián	从前	135/10.6		-de	V的	91/2 **95/7.2**
cuòr	错儿	77		-de	V得	91/1 **94/7.1** 163/5
				-de-	V得-	**133/10.2**
● D				～de shíhou	～的时候	91/3 **96/7.3**
dǎ(diànhuà)	打(电话)	100/7.8		děi	得	129/3 **134/10.3**
dǎ(tàijíquán)	打(太极拳)	188/15.1		dēng	灯	133/10.2
dǎgōng	打工	86/6.7		děng	等	129/4
dǎpò	打破	88/6.9		děng…zài～	等…再～	**145/11.3**
dǎsuan	打算	141/4		dì	第	13/3
dǎting	打听	179/14.4		dìdao	地道	51/4.5
dà	大	26/2.3		dìdidāodāo(de)	地地道道(的)	191/15.4
dà	大	97/7.4		dìfang	地方	45/3
dàjiā	大家	67/5.6		dìshang	地上	134/10.4
Dàlián	大连	27/2.4		dìtiě	地铁	79/4
dàmén	大门	122/9.2		dìtiě xiàn	地铁线	91/5
Dàshalànr	大栅栏	45/2		dìtiě zú	地铁族	91/7
dàye	大爷	160/12.5		dìzhǐ	地址	189/15.2
dàyī	大衣	49/4.2		diǎn	点	59/8 72
Dà yī lù	大1路	45/9		diǎnr	点儿	141/1
dài	带	79/12		diàn	店	153/1
dài(lai)	带(来)	168/13.4		diànhuà	电话	100/7.8
dàifu	大夫	39/3.3		diànnǎo	电脑	166/13.1
dāng	当	117/5		diànshì	电视	123/9.2
dāngrán	当然	45/6		dǐngshàng	顶上	175/4
dào	到	117/9 **126/9.6**		dìng	订	156/12.1
dào	到	175/4 181/14.8		Dōngběi	东北	40/3.5

Dōngfānghóng 东方红 68/5.7
dōngtiān 冬天 30/2.9
dōngxi 东西 166/13.1
dōu 都 35/2
dōu 都 141/10
dōu 都 163/6 175/4
dòufunǎor 豆腐脑儿 95/7.2
duān(guolai) 端(过来) 153/6
duān(shanglai) 端(上来) 153/8
duì 对 13/4
duì 对 117/9 **126/9.7**
duì～lái… 对～来V 117/9
duìmiàn 对面 42/3.8 65/5.3 71
duō 多 59/1
duō 多 **84/6.5** 103/7
duō 多 103/8 **112/8.8**
-duōle 一多了 91/4 **97/7.5**
duōme 多么 **84/6.5** 172
duōshao 多少 79/5 **83/6.3** 172
duǒ 朵 170/13.7
dútè 独特 185/4

● E
è 饿 29/2.9
érqiě 而且 79/4
èr 二 54 **69/5.9**
èrhú 二胡 87/6.8

● F
fāshāo 发烧 156/12.1
fāyīn 发音 149
fāzhǎn 发展 91/6
Fǎyǔ 法语 94/7.1
fān 番 179/14.3
fàn 饭 122/9.2

fàndiàn 饭店 59/2
fànguǎnr 饭馆儿 153/2
fāngbiàn 方便 79/4
fáng 房 36
fángjiān 房间 83
fàng 放 153/7
fàngxīn 放心 175/9
fēi 非 175/4
fēicháng 非常 51/4.5
fēijī 飞机 181/14.8
fēn 分 89
fēn 分 72 136/10.7 139 153/5
fēng 风 169/13.5
fēng 封 181/14.7
fēngjǐng 风景 22
fú 幅 106/8.1
fúwùyuán 服务员 153/8
Fúzhōu 福州 126/9.6
fù 付 163/11
fùjìn 附近 35/5 42/3.8
fùmǔ 父母 86/6.7
fùqin 父亲 110/8.6
fùxí 复习 124/9.3
fùzá 复杂 153/11

● G
gāi 该 141/1 **144/11.2**
gānganjìngjìng 干干净净 190/15.4
-gānjìng V干净 87/6.9
gǎndòng 感动 185/6
gǎnjué 感觉 103/4
gǎnxiè 感谢 84/6.4
gǎn xìngqù 感兴趣 103/3
gàn 干 117/5
gàn(huór) 干(活儿) 179/14.3

gànmá	干吗	172	gǔmiào	古庙	103/10
gāng	刚	91/2	gùgōng	故宫	52/4.7
gāngcái	刚才	129/4	gùshi	故事	175/11
gāo	高	107/8.2	guā(fēng)	刮(风)	169/13.5
gāofēng shíjiān	高峰时间	92	guàlú	挂炉	142
gāogāo(de)	高高(的)	190/15.4	guāi	乖	84/6.5
gāogaoxìngxìng	高高兴兴	190/15.4	guānyú~de	关于~的	175/10
gāoliang	高粱	180/14.6	guǎngbō	广播	133/10.2
gāolóu	高楼	103/9	Guǎngdōng	广东	82/6.1
gāoxìng	高兴	117/1	Guǎngdōnghuà	广东话	133/10.2
gàosu	告诉	170/13.7 175/10	Guǎngzhōu	广州	19/1.9
gē	哥	69/5.8	guàng	逛	58
gēge	哥哥	41/3.7	guì	贵	23/4
gēr	歌儿	77	Guìlín	桂林	151
gèzi	个子	190/15.4	guìxìng	贵姓	20/1.9
ge	个	59/7 175/6	guōtiē	锅贴	48/4.2
gěi	给	163/4 **168/13.4**	Guóqìngjié	国庆节	136/10.7
gěi	给	163/10 170/13.7	guò	过	**106/8.2**
-gěi	V给	175/8 **181/14.7**	guò	过	185/7
gēn	根	56	guòlai	过来	106/8.2
gēn	跟	175/6 **179/14.4**	guònián	过年	166/13.1
gèng	更	79/8	guòqù	过去	59/1
gōngfēn	公分	97/7.4	guòqu	过去	106/8.2
gōnggòng qìchē	公共汽车	45/7	-guo	V过	141/7 **145/11.4**
gōngjiāochē	公交车	47	-guolai	V过来	110/8.6 153/6
gōngsī	公司	41/3.7			
gōngyuán	公园	125/9.4	●H		
gōngzuò	工作	29/2.8	Hā'ěrbīn	哈尔滨	32
Gòngchǎndǎng	共产党	167/13.3	hái	还	59/8 175/12
gǒu	狗	112/8.6	hái	还	185/7
gūniang	姑娘	129/7	háishi	还是	91/8 **98/7.7**
gǔ	古	103/11	háishi	还是	153/3
gǔdū	古都	185/4	háizi	孩子	28/2.6
gǔjí	古籍	118	Hànyǔ	汉语	136/10.7
gǔlǎo	古老	22	hànzì	汉字	83/6.3

hǎo 好 23/2
hǎo 好 91/4
hǎo 好 141/1
-hǎo V好 103/7
hǎochī 好吃 141/1
hǎohàn 好汉 175/4
hǎokàn 好看 153/9
hǎo ne 好呢 45/6
hǎowánr 好玩儿 59/1
hào 号 64/5.2
hào 号 70/5.9
hē 喝 117/4
hé 和 103/8
héshēn 合身 170/13.6
hēi 黑 106/8.2
hēibǎn 黑板 133/10.2
hei 嘿 13/1
hěn 很 23/4 **28/2.7**
-hóng V红 87/6.9
hòu 后 71
hòu 厚 133/10.2
hòubian 后边 71
Hòuhǎi 后海 118
hòumén 后门 122/9.2
hòumian 后面 65/5.3 71
hòunián 后年 192
hòutiān 后天 192
hòutou 后头 65/5.3 71
Húnán 湖南 149
hútòngr 胡同儿 35/2
hùkǒu 户口 87/6.8
huār 花儿 169/13.5
huà 画 95/7.1
huà 话 132/10.1
huàr 画儿 106/8.1

-huài V坏 95/7.2
huài le 坏了 129/4
huānyíng 欢迎 13/3
huán 还 170/13.7 185/6
Huánghé 黄河 148/11.7
huángmǐ 黄米 180/14.6
huí 回 **106/8.2** 166/13.1
huí 回 119
huíguó 回国 68/5.7
huíjiā 回家 49/4.3
huílai 回来 106/8.2 107/8.2
huíqu 回去 106/8.2 129/3
huǐr 会儿 153/5 **156/12.2**
huì 会 79/1 **82/6.1**
huì(~de) 会(~的) 103/3 **110/8.5**
-huilai V回来 111/8.6 185/6
-huiqu V回去 157/12.3
huó 活 156/12.1
huólì 活力 185/3
huópo 活泼 28/2.7
huór 活儿 179/14.3
huǒchē 火车 188/15.1
huǒchēzhàn 火车站 126/9.6

● J
jīhū 几乎 35/3
jīhuì 机会 159/12.5
jīpiào 机票 110/8.6
jíjímángmáng 急急忙忙 190/15.4
-jíle -极了 163/3
jízhōng 集中 45/4
jǐ 几 45/8 **48/4.2 53/4.9** 54 103/2 172
jǐ 挤 91/3
jǐ 挤 91/4

jì	寄	175/8	jīntiān	今天	192 23/1 45/1
jì(lai)	寄(来)	110/8.6	jìn	近	91/9
jì(xialai)	记(下来)	189/15.2	jìn	进	**106/8.2**
jì～yòu…	既～又…	185/4	jìnlái	近来	97/7.5
jìde	记得	185/5	jìnlai	进来	106/8.2 122/9.2
jìniàn	纪念	175/6	jìnqu	进去	106/8.2
jìrán	既然	175/12	-jin	V进	103/4
jiā	家	35/5 117/7 166/13.1	-jinlai	V进来	111/8.6
jiābān	加班	113/8.9	Jīngdū	京都	97/7.5
jiājiào	家教	124/9.3	jīngjù	京剧	145/11.4
jiān	煎	151	jǐngsè	景色	175/3
jiǎn	捡	109/8.3	jiǔ	九	54
jiǎndān	简单	84/6.4	jiǔ	酒	84/6.5
jiàn	件	68/5.7 122/9.2 185/5	jiǔbā	酒吧	117/7
jiàn	建	91/1 103/7	jiù	救	111
-jiàn	V见	87/6.9	jiù	就	35/5
jiànzhù	建筑	103/11	jiù	就	103/2 163/2 **167/13.2**
jiǎng	讲	82/6.1	jiù	就	107/8.2
jiāo	教	170/13.7	jiù～le	就～了	**181/14.8**
jiāo	交	181/14.7	jiùshì	就是	83/6.2
jiǎo	角	89	jiùyào～le	就要～了	175/9 **181/14.8**
jiǎo	脚	168/13.4	jūrán	居然	185/6
jiǎoxià	脚下	175/1	jù	句	180/14.5
jiǎozi	饺子	166/13.1	juǎn	卷	158/12.3
jiào	叫	19/1.9 79/10	juédìng	决定	145/11.3
jiào	叫	**132/10.1**			
jiào	叫	**178/14.3**	●K		
jiàoshì	教室	95/7.2	kāfēi	咖啡	19/1.9
jiē	街	59/1	kǎ	卡	79/8
jiéhūn	结婚	180/14.4	kāi	开	79/2 188/15.1
jiémù	节目	178/14.2	kāi	开	122/9.2
jiějie	姐姐	28/2.6	kāi(dēng)	开(灯)	133/10.2
jiè	借	99/7.8 170/13.7	kāi(guolai)	开(过来)	110/8.6
jièshào	介绍	163/4	kāi(huār)	开(花儿)	169/13.5
jīnnián	今年	98/7.6 192	-kāi	V开	87/6.9

kāichē	开车	79/1	
kāichē zú	开车族	91/7	
kàn	看	23/3 185/8	
~kàn	~看	163/9 **170/13.6**	
kànbuwán	看不完	133/10.2	
kànjiàn	看见	87/6.9	
kǎo	烤	151 153/9	
kǎochuànr	烤串儿	163/5	
kǎolǜ	考虑	134/10.3	
kǎoyā	烤鸭	141/4	
kē	棵	169/13.5	
kě	可	163/12	
kě~le	可~了	79/6 **83/6.4**	
kě'ài	可爱	160/12.6	
kěnéng	可能	129/4	
kěshì	可是	82/6.2	
kěxī	可惜	117/2	
kěyǐ	可以	59/3 **67/5.6**	
kè	刻	72	
kèfú	克服	119	
kèqi	客气	175/12	
kèren	客人	163/12	
kōngtiáo	空调	106/8.1	
kòngr	空儿	77	
kǒu	口	191/15.4	
kùzi	裤子	84/6.4	
kuài	快	45/9	
kuài	块	50/4.4 89	
kuài~le	快~了	**181/14.8**	
kuǎn	款	108/8.3	
kùnnan	困难	119	

● L

lā	拉	87/6.8	
là	辣	170/13.6	
la	啦	157/12.3	
~la…la	~啦…啦	163/5	
lái	来	13/3 **106/8.2**	
lái	来	163/9	
lái~	来V	163/11 **171/13.8**	
-lai	V来	110/8.6 111/8.6	
lánsè	蓝色	121/9.1	
lǎo	老	35/2	
Lǎo-	老-	68/5.7	
lǎobǎn	老板	163/10	
lǎojiā	老家	166/13.1	
lǎomùjiang	老木匠	160/12.5	
lǎonǎinai	老奶奶	107/8.2	
lǎopéngyou	老朋友	113/8.9	
lǎorén	老人	117/8	
lǎoshī	老师	27/2.5	
lǎozìhao	老字号	45/4	
le	了	79/6 79/7 **83/6.4**	
le	了	91/5 **98/7.6**	
le	了	**181/14.8**	
-le	V了	88/6.9 103/2 **107/8.3**	
-le~le	V了~了	141/1 **144/11.1**	
léishēng	雷声	32	
lèi	累	175/2	
-lèi	V累	88/6.9	
lěng	冷	30/2.9	
lí	离	91/9	
lǐbian	里边	71	
lǐmiàn	里面	71	
Lǐ Tóng	李童	13/1	
lǐtou	里头	71	
lìkè	立刻	112/8.6	
lìshǐ	历史	185/4	
li	里	35/3 **65/5.3** 71	
liánxì	联系	150	

liǎn （一）脸	117/1	
liáng 凉	96/7.3 106/8.1	
liǎng 两	54 59/8 **69/5.9** 72	
liàng 亮	167/13.3	
liàng 辆	129/5	
liǎobuqǐ 了不起	175/5	
Lín 林	39/3.3	
línjū 邻居	112/8.6	
líng 零	56 72 89	
liú 留	175/6	
Liú 刘	180/14.4	
liú(xia) 留(下)	185/2	
Liú Bèi 刘备	132/10.1	
liúlì 流利	94/7.1	
liúlù(chu) 流露(出)	189/15.3	
liúxuéshēng 留学生	169/13.5	
liǔ 柳	169/13.5	
liù 六	54	
lóu 楼	49/4.2	
Lǔ Xùn 鲁迅	28/2.6	
lù 路	45/8	
Lù 陆	147/11.6	
lǚxíng 旅行	100/7.8	
lǚyóu 旅游	185/1	
luànpǎo 乱跑	135/10.5	
Lúnyǔ 论语	168/13.4	
luòhòu 落后	133/10.1	
luòtuo 骆驼	68/5.6	

●M
māma 妈妈	41/3.7 65/5.3	
máfan 麻烦	83/6.2	
mǎshàng 马上	107/8.2	
ma 吗	13/3 **18/1.9**	
ma 嘛	103/6 **112/8.7**	

mǎi 买	79/11	
mǎi(huilai) 买(回来)	111/8.6	
mài 卖	59/5	
mǎnzú 满足	59/3	
mànmàn(de) 慢慢(地)	191/15.4	
mànmānr 慢慢儿	189/15.2	
máng 忙	84/6.4	
māor 猫儿	77	
máo 毛	79/8 89	
máobǐ 毛笔	100/7.8	
Máomao 毛毛	98/7.6	
máotáijiǔ 茅台酒	180/14.6	
máoyī 毛衣	96/7.2	
Máo Zédōng 毛泽东	104	
méi 没	**66/5.4** 117/8	
méishìr 没事儿	117/4	
méi yìsi 没意思	36	
méiyǒu 没有	**66/5.4** 103/8 125/9.4	
méiyǒu(…nàme~) 没有(…那么~)	141/9 **147/11.7**	
méi(you) 没(有)	88/6.9 108/8.3 122/9.2 141/8 **146/11.5** 158/12.3	
měi 美	175/7	
měi 每	59/7	
měi ge xīngqī 每个星期	192	
měinián 每年	192	
měishí 美食	140	
měitiān 每天	91/8 192	
mèilì 魅力	185/4	
mèimei 妹妹	149	
mēn 闷	135/10.5	
mēnrè 闷热	148/11.7	
mén 门	95/7.2	
ménkǒu 门口	167/13.2	
ménpiào 门票	23/4	

mèn	焖	151	
mènlú	焖炉	142	
Mèngdì	梦弟	111/8.6	
mǐ	米	103/2	
miànbāo	面包	50/4.4	
miànqián	面前	153/7	
miǎo	秒	72	
míngnián	明年	192	
míngtiān	明天	175/9 192	
míngzi	名字	19/1.9	
mógu	蘑菇	86/6.8	
mò	末	91/4	
mùmíng	慕名	163/3	

● N

ná	拿	179/14.3	
nǎ	哪	39/3.3 64/5.2 172	
nǎli	哪里	27/2.5 109/8.4 172	
nǎli～nǎli	哪里～哪里	167/13.3	
nǎr	哪儿	45/1 27/2.5 48/4.2 172	
nà	那	39/3.3 45/3 64/5.2 129/4	
nà	那	59/6	
nàli	那里	27/2.5	
nàme	那么	84/6.5 147/11.7	
nàr	那儿	27/2.5 42/3.8	
nàshí	那时	146/11.4	
nàyàng	那样	159/12.5	
na	哪	27/2.3	
nǎinai	奶奶	26/2.2	
nán	难	29/2.8	
nándào	难道	123/9.2	
ne	呢	45/6 52/4.8	
ne	呢	59/1 67/5.5	
ne	呢	59/2 69/5.8	
néng	能	79/11 86/6.8	

nénggàn	能干	148/11.7	
nǐ	你	13/3 **17/1.7**	
nǐmen	你们	**17/1.7**	
nián	年	103/8 139	
niándài	年代	91/4	
niánhuà	年画	123/9.2	
niánjí	年级	147/11.6	
niánqīngrén	年轻人	117/9	
niàn	念	171/13.8	
nín	您	**17/1.7**	
niú	牛	50/4.4	
niúnǎi	牛奶	50/4.4	
nòng	弄	95/7.2	
nǚ'ér	女儿	191/15.5	
nǚpéngyou	女朋友	41/3.7	

● P

pá	爬	175/2	
pà	怕	163/9	
páiduì	排队	69	
pài(lai)	派（来）	111/8.6	
pánr	盘儿	77	
pánzi	盘子	153/8	
pángbiān(r)	旁边（儿）	65/5.3 71	
pàng	胖	189/15.4	
pǎo	跑	129/8	
pǎo(huilai)	跑（回来）	185/6	
pǎo(jìnlai)	跑（进来）	111/8.6	
péi	陪	175/10	
péngyou	朋友	175/12	
pīpíng	批评	179/14.3	
pídài	皮带	50/4.4	
piányi	便宜	45/9	
piàn	骗	117/8	
piàn	片	153/7	

piào	票	79/5		qǐng duō guānzhào	请多关照	13/4
piàoliang	漂亮	23/4		qiūtiān	秋天	28/2.6
píng	瓶	53/4.9		qiú	求	124/9.3
píngguǒ	苹果	109/8.3		qù	去	45/1 **106/8.2**
píngshí	平时	79/2		qùbuliǎo	去不了	117/2
píngzi	瓶子	73 169/13.5		qùnián	去年	91/2 192
pǔtōnghuà	普通话	82/6.1		Quánjùdé	全聚德	141/4

● Q

● R

qī	七	54		ránhòu	然后	153/8
qí	骑	91/9		rǎn	染	87/6.9
qǐ	起	**106/8.2**		ràng	让	129/2 **132/10.1**
qǐfēi	起飞	181/14.8		ràng	让	**178/14.3**
qǐlai	起来	106/8.2		rè	热	153/10
qìchē	汽车	110/8.6		rènao	热闹	51/4.5
-qi	V起	167/13.2		rèqíng	热情	128
-qilai	V起来	31		rén	人	35/2 141/9
qiān	千	54		rénkǒu	人口	97/7.5
qiānbǐ	铅笔	180/14.6		rénmen	人们	59/3
qián	钱	23/5 89		Rénmín Lù	人民路	49/4.2
qián	前	71 141/8		rénqì	人气	117/8
qiánbāo	钱包	146/11.5		rènshi	认识	29/2.9
qiánbian	前边	71		rènwéi	认为	87/6.8
Qiánhǎi	前海	118		rènzhēn	认真	95/7.1
Qiánmén	前门	45/2		Rìběn	日本	40/3.5
qiánmian	前面	65/5.3 71		Rìyǔ	日语	74
qiánnián	前年	145/11.4 192		róngliàng	容量	73
qiántiān	前天	192		ròu	肉	30/2.9
qiántou	前头	71				
qiáng	墙	112/8.6		● S		
qiǎo	巧	166/13.1		sān	三	54
qiē	切	52/4.7		sānlúnchē	三轮车	129/1
qín	琴	134/10.3		sànxīn	散心	109/8.4
qīngqingchǔchǔ	清清楚楚	190/15.4		Shǎnxī	陕西	147/11.6
qǐng	请	117/4 124/9.3		shàn	扇	88/6.9

shāng 伤	167/13.2	shēngdòng 生动	160/12.6
shāngliang(chu) 商量(出)	189/15.3	shēnghuó 生活	185/2
shāngyèjiē 商业街	45/4	shēngqì 生气	110/8.5
shàng 上	**106/8.2**	shēngri 生日	39/3.4
shàng(chē) 上(车)	96/7.2	shīfu 师傅	129/7
shàngbian 上边	71	shīwàng 失望	189/15.3

shāng 伤　167/13.2
shāngliang(chu) 商量(出)　189/15.3
shāngyèjiē 商业街　45/4
shàng 上　**106/8.2**
shàng(chē) 上(车)　96/7.2
shàngbian 上边　71
shàng ge xīngqī 上个星期　185/1　192
Shànghǎi 上海　39/3.4
shàngkè 上课　124/9.3
shànglai 上来　106/8.2　153/10
shàngmian 上面　71
shàngqu 上去　106/8.2
shàngtou 上头　71
shàngwǔ 上午　192
shàngxué 上学　91/9
shang 上　59/1　**65/5.3**　71
-shang V上　117/11
-shanglai V上来　153/8
shāo 烧　151
shǎo 少　160/12.5
shàoxīngjiǔ 绍兴酒　53/4.9
shétou 舌头　85/6.6
shěbude 舍不得　175/9
shéi 谁　**48/4.2**　**109/8.4**　172
shēn 伸　85/6.6
shēn 身　167/13.2
shēnkè 深刻　185/2
shēnshēn(de) 深深(地)　185/6
shénme 什么　45/3　**48/4.2**　103/9　**109/8.4**　117/1　**121/9.1**　172
shénme～shénme 什么～什么　163/2　**167/13.3**
shénmeshíhou 什么时候　188/15.1
shénqíng 神情　189/15.3
shēng 声　145/11.2

shēngdòng 生动　160/12.6
shēnghuó 生活　185/2
shēngqì 生气　110/8.5
shēngri 生日　39/3.4
shīfu 师傅　129/7
shīwàng 失望　189/15.3
shí 十　54
Shíchàhǎi 什刹海　116
shífēn 十分　74
shíhour 时候儿　107/8.2
shíjiān 时间　103/7
shír 食儿　77
shíshàng 时尚　117/10
shítáng 食堂　67/5.4
Shí yī 十一　56
shǐ 使　**132/10.1**
shì 是　35/1　**39/3.4**　91/4
shì 事　185/5
～shì～　～是～　79/2　**82/6.2**
shì～-de 是～V的　**95/7.2**
shìde 是的　36
shìjiè 世界　61
shìqing 事情　129/2
shìr 事儿　77
shì X háishi Y 是X还是Y　**98/7.7**
shōu 收　170/13.7
Shǒudū Bówùguǎn 首都博物馆　23/1
shǒujī 手机　129/4
shòu 瘦　189/15.4
shòupiàodiǎn 售票点　69/5.7
shòushòu(de) 瘦瘦(的)　190/15.4
shū 书　19/1.9
shū 输　119
shūbāo 书包　158/12.3
shūdiàn 书店　**65/5.3**

shūjià 书架 65/5.3
shǔbuqīng 数不清 163/5
shuàn 涮 151
Shuànyángròu 涮羊肉 27/2.4
shuǐ 水 66/5.4
shuǐwèi 水位 107/8.2
shuì 睡 49/4.3
shuìdezháo 睡得着 133/10.2
shuì wǔjiào 睡午觉 188/15.1
shuō 说 117/9
shuōbuquán 说不全 163/6
shuōhuà 说话 82/6.1
sǐ 死 166/13.1
-sǐ V死 141/10
sì 四 54
sìhéyuànr 四合院儿 35/1
sòng 送 96/7.3 170/13.7
súhuà 俗话 175/4
súmíng 俗名 20/1.9
sùshè 宿舍 86/6.7
suíbiàn 随便 132/10.1
suì 岁 53/4.9
Sūn 孙 188/15.1
suǒyǐ 所以 103/6
suǒyǒu 所有 59/3

●T
tā 他 **17/1.7**
tā 她 **17/1.7**
tā 它 **17/1.7**
tāmen 他们 **17/1.7**
tāmen 她们 **17/1.7**
tāmen 它们 **17/1.7**
tài～le 太～了 79/7 **83/6.4**
tàidu 态度 28/2.7

tàijíquán 太极拳 188/15.1
tàiyáng 太阳 167/13.3
Tàiyuán 太原 98/7.6
tānzi 摊子 163/7
tán 谈 123/9.2
tán 弹 134/10.3
tǎng 躺 134/10.4
tàng 趟 129/9
tèsè 特色 117/7
tèyì 特意 129/8
tī 踢 82/6.1
tí 提 67/5.6
tí 题 178/14.1
tiān 天 98/7.6
tiān 天 106/8.2
tiān 天 139 141/1
Tiān'ānmén 天安门 41/3.6
tiānqì 天气 28/2.7
tián 甜 68/5.7
tiáo 条 45/4 50/4.4 102
tiào 跳 112/8.6
tiē 贴 123/9.2
tīng 听 141/6 146/11.4
tīngbuqīng 听不清 133/10.2
tīngdedǒng 听得懂 133/10.2
tīngqǔ 听取 145/11.3
tīngshuō 听说 91/3
tīngxì 听戏 59/7
tíng(xialai) 停(下来) 189/15.2
tǐng～de 挺～的 153/11 **160/12.6**
tōnghóngtōnghóng 通红通红 190/15.4
tòngtongkuàikuài(de) 痛痛快快(地)
　　191/15.5
tōu 偷 179/14.3
tóu 头 50/4.4

tóufa 头发 56
túshūguǎn 图书馆 86/6.7
tùzi 兔子 189/15.4
tuī 推 87/6.9
tuìxiū 退休 166/13.1
tuō 脱 158/12.3

● W
wa 哇 23/2 **27/2.3**
wài 外 71
wàibian(r) 外边（儿） 66/5.4 71
wàiguórén 外国人 163/3
wàimian 外面 71 117/2
wàitou 外头 71
-wán V完 87/6.9
wánpí 顽皮 121/9.1
wánquán 完全 133/10.2
wánr 玩儿 191/15.5
wǎn 晚 110/8.5
wǎnshang 晚上 141/4 192
wàn 万 54
Wáng 王 19/1.9
Wángfǔjǐng 王府井 141/4
wǎng 往 103/2
wàng 忘 129/4
wàngbuliǎo 忘不了 185/7
wēixiǎn 危险 85/6.6
wéijīn 围巾 19/1.9
wèi 位 39/3.3 50/4.4 185/6
wèi 喂 170/13.7
wèishénme 为什么 79/3 172
wēnróu(de) 温柔（地） 191/15.5
wénhuà 文化 126/9.7
wèn 问 125/9.4
wèntí 问题 134/10.3

wǒ 我 **17/1.7**
wǒmen 我们 **17/1.7**
wū 屋 106/8.1
wūli 屋里 111/8.6
wūyā 乌鸦 189/15.4
Wú Yǔbó 吴宇博 182
wǔ 五 54
Wǔhàn 武汉 125/9.5

● X
xīguā 西瓜 52/4.7
Xīhǎi 西海 118
xīyǐn 吸引 175/3
Xīzàng 西藏 100/7.8
xíguàn 习惯 123/9.2
xǐ 洗 87/6.9
xǐhuan 喜欢 79/4
xǐhuan(shang) 喜欢（上） 117/11
xǐshì 喜事 170/13.7
xìyuán 戏园 59/2
xià 下 71
xià 下 **106/8.2**
xià 下 117/2
xiàbian 下边 71
xià ge xīngqī 下个星期 188/15.1 192
xiàlai 下来 103/1 106/8.2
xiàmian 下面 71
xiàqí 下棋 119
xiàqu 下去 106/8.2
xiàtou 下头 71
xiàwǔ 下午 59/7 144/11.1 192
-xia V下 125/9.4 185/2
-xialai V下来 **188/15.2**
xiān 先 23/1 122/9.2 141/4
xiān…zài~ 先…再~ **145/11.3**

xiānjìn 先进	133/10.1
xiǎnshì(chu) 显示(出)	185/3
xiàndài 现代	78 185/4
xiànmù 羡慕	79/7
xiànzài 现在	59/7
Xiānggǎng 香港	30/2.9
xiāngxìn 相信	133/10.2
xiāngzi (一)箱子	118
xiǎng 想	45/5 **51/4.6**
xiǎng 想	103/3
xiǎngbudào 想不到	129/2
xiǎngdào 想到	129/1
xiǎngr 响儿	77
xiàng 像	163/5
xiàng～zhèyàng 像～这样	153/10 160/12.5
xiàngdǎo 向导	117/5
xiàngsheng 相声	59/8
xiāoxi 消息	168/13.4
xiǎo 小	68/5.7
Xiǎo- 小—	42/3.8
xiǎochánmāor 小馋猫儿	141/11
xiǎochī 小吃	141/5
xiǎochījiē 小吃街	163/1
xiǎoháir 小孩儿	117/9
Xiǎohóng 小红	83/6.3
xiǎomàibù 小卖部	167/13.2
xiǎopéngyou 小朋友	53/4.9
Xiǎosēn 小森	13/1
xiǎoshí 小时	139 188/15.1
xiǎoshuō 小说	28/2.6
xiǎotíqín 小提琴	87/6.8
xiǎoxī 小溪	65/5.3
xiǎoxīn 小心	107/8.2
xiě 写	180/14.6

xièxie 谢谢	129/8
xīn 新	117/10
xīntóngxué 新同学	169/13.5
xìn 信	64/5.2
xīngqī 星期	139 185/1
xīngqī～ 星期～	71
xīngqīsān 星期三	141/9
xīngqītiān 星期天	59/7
xíng 行	117/5
xíngli 行李	68/5.7
xìng 姓	19/1.9
xìngfú 幸福	74
xìngrén dòufu 杏仁豆腐	163/5
xiū 修	166/13.1
xiūxi 休息	86/6.6
xiūxián 休闲	117/10
xiùzi 袖子	158/12.3
xūyào 需要	59/3
Xú 徐	68/5.7
xué 学	136/10.7
xuésheng 学生	39/3.4
xuéxí 学习	159/12.5
xuéxiào 学校	41/3.6 91/8
xuě 雪	110/8.5
xuěbáixuěbái 雪白雪白	190/15.4

● Y

yāzi 鸭子	153/7
yákē 牙科	149
ya 呀	**27/2.3** 79/10
yánsè 颜色	153/9
yǎnjìng 眼镜	67/5.5
yǎnjing 眼睛	189/15.3
yǎnxì 演戏	82/6.1
yángròuchuànr 羊肉串儿	163/7

yǎng 养 50/4.4
yàngzi 样子 117/1
yào 要 23/5
yào 要 124/9.3
yào 要 153/4 **156/12.1**
yào 要 163/2 **166/13.1**
yào 要 170/13.7
yào～le 要～了 **181/14.8**
yàodiàn 药店 59/2
yàomìng 要命 91/3
Yàoquán 药泉 20/1.9
yàoshi 钥匙 50/4.4
yéye 爷爷 26/2.2
yě 也 35/6 **42/3.9** 117/2
yè 页 70/5.9
yèli 夜里 142
yī 一 54 56 117/1 **180/14.5**
yìdiǎnr 一点儿 156/12.1
yìdiǎnr+dōu 一点儿＋都 175/3 **178/14.2**
yídìng 一定 175/7
yīfu 衣服 122/9.2
yígòng 一共 147/11.6
yíhuìr 一会儿 153/7 **156/12.2**
Yì kǎ tōng 一卡通 79/10
yíkè 一刻 185/6
yíkuàir 一块儿 77
yìqǐ 一起 175/6
yíxià 一下 171/13.8
yìyǎn 一眼 191/15.5
yíyàng 一样 141/5
yíhàn 遗憾 35/7
yǐhòu 以后 166/13.1
yǐjing 已经 91/5
yǐqián 以前 35/2 124/9.3

yǐzi 椅子 73
yì 亿 54
yìjiàn 意见 67/5.6 141/6
yìsi 意思 121/9.1 178/14.2
～yi～ V—V 86/6.6
yīnyuèhuì 音乐会 66/5.4
yín'ěr 银耳 181/14.7
yínháng 银行 103/5
yìnxiàng 印象 185/2
yīnggāi 应该 129/10 141/9
Yīngwén 英文 40/3.5
yǐngyuàn 影院 59/2
yòng 用 79/8
yòng 用 175/8 **180/14.6**
yóu 游 136/10.7
yóubǐng 油饼 158/12.4
yóujiàn 邮件 175/8
yóujú 邮局 49/4.2
yóuliàngyóuliàng 油亮油亮 190/15.4
yóuqí 尤其 117/9
yóuyǒng 游泳 87/6.8
yóuyǒngchí 游泳池 66/5.4
yǒu 有 59/1 **66/5.4** 117/5 **124/9.4**
yǒudiǎnr 有点儿 175/2 **178/14.1**
yǒumíng 有名 59/1
yǒu yìsi 有意思 35/4
yǒuzhe 有着 185/3
yòu 右 71
yòu 又 169/13.5
yòu～yòu… 又～又… 45/9
yòubian 右边 42/3.8 71 167/13.2
yóuhuà 油画 95/7.1
yòuhuò 诱惑 78
yòumiàn 右面 71
yú 鱼 56

yǔ 雨 117/2
yǔdiǎn 雨点 32
yǔróngfú 羽绒服 122/9.2
yuán 圆(元) 89
yuánlái 原来 103/8
yuǎn 远 45/6
yuànzi 院子 36
yuè 月 70/5.9 112/8.8 139
yuèliang 月亮 106/8.2
Yuèyáquán 月牙泉 20/1.9

● Z

zài 在 35/3 **40/3.6**
zài 在 79/11 **86/6.7**
zài 在 117/1
zài 再 129/6 153/8
zài 再 141/4 **145/11.3**
-zài V在 129/4 **134/10.4** 153/7
zàijiàn 再见 185/7
zánmen 咱们 **17/1.7** 45/2
zǎo 早 129/2
zǎo gāofēng 早高峰 91/3
zǎoshang 早上 95/7.2 192
zěnme 怎么 45/6 **52/4.7 85/6.5** 172
zěnme 怎么 103/1 **106/8.1** 172
zěnme le 怎么了 117/1
zěn(me)yàng 怎(么)样 23/1 **159/12.5** 172
zhá 炸 151
zhájiàngmiàn 炸酱面 163/5
zhàn 站 91/1
zhàn(qi) 站(起) 167/13.2
zhàntáipiào 站台票 158/12.4
zhāng 张 50/4.4 79/5 175/6
Zhāng 张 20/1.9
Zhāng 章 124/9.3
zhǎng 长 94/7.1
-zháo V着 129/4 167/13.2
zháojí 着急 129/6
zhǎo 找 125/9.4 170/13.7
zhǎobuzháo 找不着 129/4
zhǎozháo 找着 146/11.5
zhào 照 167/13.3 175/7
zhàogu 照顾 82/6.1
zhàopiàn 照片 28/2.6
zhàoxiàng 照相 175/6
zhè 这 35/1 **39/3.3** 59/1 **64/5.2**
zhèbiān 这边 110/8.6
zhè ge xīngqī 这个星期 192
zhèli 这里 23/4 **27/2.5**
zhème 这么 79/7 **84/6.5** 147/11.7
zhèr 这儿 23/5 **27/2.5** 42/3.8
zhèxià 这下 117/2
zhèyàng 这样 103/11 **159/12.5**
-zhe V着 117/2 **121/9.2**
zhene 着呢 129/2
zhēn 真 23/4
zhēng 蒸 151
zhèng 正 129/8
Zhèngyángmén 正阳门 46
zhèngzài 正在 131
zhèngzōng 正宗 153/2
zhī 织 96/7.2
zhīdao 知道 110/8.5
zhīyī 之一 117/8
zhǐ 只 79/6
zhì 治 133/10.2
zhōng 钟 67/5.5 72 139 153/5
Zhōngguó 中国 40/3.5

zhōngwǔ	中午	141/4	192	zǒu	走	103/2	117/6
zhōngyào	中药	85/6.5		zǒu(chuqu)	走(出去)		111/8.6
zhōngyú	终于	108/8.3		zǒu(jin)	走(进)	103/4	
zhǒng	种	117/10		-zǒu	V走	179/14.3	
zhòng	重	105		zúqiú	足球	82/6.1	
zhòng	种	169/13.5		zuì	最	45/4	
zhōumò	周末	141/9		zuì~le	最~了	**83/6.4**	
Zhūgě Liàng	诸葛亮	132/10.1		zuìjìn	最近	159/12.5	
zhǔ	煮	151		zūnzhòng	尊重	124/9.3	
zhǔfu	嘱咐	124/9.3		zuótiān	昨天	28/2.6	192
zhǔrèn	主任	133/10.1		zuówǎn	昨晚	150	
zhù	住	35/2		zuǒ	左	71	
-zhù	V住	175/3		zuǒbian	左边	71	
zhùmíng	著名	45/4		zuǒmiàn	左面	71	
zhuōzi	桌子	50/4.4	67/5.5	zuò	坐	45/7	122/9.2
zì	字	133/10.2		zuò	座	103/10	
zìxíngchē	自行车	91/9		zuò	做	121/9.1	122/9.2
zǒng	总	166/13.1		zuò(xia)	坐(下)	125/9.4	
zǒngshì	总是	159/12.5		zuòyè	作业	191/15.5	

添付CDについて

　このCDには，各課のスキット（ネイティブスピーカーによるややゆっくり目の朗読）と「学習のポイント」中の例文を収めた。

　放送番組中のスキットにおけるナチュラルスピードの会話を聞き取ることは決して容易ではないだろう。皆さんには，まず収録されているネイティブスピーカーの朗読を，印刷教材のピンインと見比べながら注意深く聴いていただきたい。この作業を通じて，中国語のどのような音がどのアルファベットで転写されているか，またどのアルファベットがどのような音を表しているかを観察していただきたいのである。その次は，今度は自分の口を動かしてみよう。一文ずつ，ピンインを見ながらネイティブスピーカーのあとについて発音してみてもいいし，逆に，自分で発音してみてからネイティブスピーカーの朗読を聴いてもいい。両者を組み合わせてみてはいかがだろうか。

　語学の学習は発音・語彙・文法という三つの側面がバランスの取れた形でなされるのが理想的であろうが，このCDはそのうちの発音面での不足を補うのに大いに有効であると考える。日々の予習・復習にぜひ役立てていただきたい。

　中国語の学習は，まずはピンインを正確に読めることから始まる。このCDがその一助となることを願ってやまない。

トラック一覧

トラック	部	項目／課	内容
01	第一部	0	内容紹介
02		1	声調
03		2	母音1（単母音）
04			母音2（二重母音）
05			母音3（三重母音）
06			母音4（鼻母音）
07		3	子音1（唇音）
08			子音2（舌音）
09			子音3（舌根音）
10			子音4（舌面音）
11			子音5（舌歯音）
12			子音6（反り舌音）
13		4	変調1（第3声の連続）
14			変調2（"不"）
15			変調3（"一"）
16		5	軽声の発音
17		6	r化の発音
18	第二部	1	第1課スキット
19			第1課「学習のポイント」
20			姓名の尋ね方
21		2	第2課スキット
22			第2課「学習のポイント」
23		3	第3課スキット
24			第3課「学習のポイント」
25		4	第4課スキット
26			第4課「学習のポイント」
27			数の表現
28		5	第5課スキット
29			第5課「学習のポイント」
30		6	第6課スキット
31			第6課「学習のポイント」
32		7	第7課スキット
33			第7課「学習のポイント」
34		8	第8課スキット
35			第8課「学習のポイント」
36		9	第9課スキット
37			第9課「学習のポイント」
38		10	第10課スキット
39			第10課「学習のポイント」
40		11	第11課スキット
41			第11課「学習のポイント」
42		12	第12課スキット
43			第12課「学習のポイント」
44		13	第13課スキット
45			第13課「学習のポイント」
46		14	第14課スキット
47			第14課「学習のポイント」
48		15	第15課スキット
49			第15課「学習のポイント」

分担執筆者紹介

盧　建（ロ　ケン）

1971 年　　中国北京市に生まれる
2007 年　　東京大学大学院総合文化研究科博士課程修了
現在　　　名古屋大学教養教育院特任准教授
専攻　　　中国語学
主な著書　読んで身につく中国語単語（共著　白水社）

編著者紹介

木村　英樹（きむら・ひでき）

1953 年	京都市に生まれる
1982 年	東京大学大学院人文科学研究科博士課程単位取得退学
現在	東京大学大学院人文社会系研究科教授
専攻	中国語学
主な著書	ヴォイスの対照研究（くろしお出版）
	中国語はじめの一歩（筑摩書房）
	新版中国語入門Q＆A 101（大修館書店）
	中国語文法の意味とかたち（白帝社）

宮本　徹（みやもと・とおる）

1970 年	京都市に生まれる
2001 年	東京大学大学院人文社会系研究科博士課程単位取得退学
現在	放送大学准教授
専攻	中国語学
主な著書	アジアと漢字文化（共著　放送大学教育振興会）
	ことばとメディア―情報伝達の系譜―（共著　放送大学教育振興会）

放送大学教材　1356950-1-1411（テレビ）

中国語Ⅰ（'14）
―北京のふたり―

発　行　2014年3月20日　第1刷
　　　　2016年1月20日　第2刷
編著者　木村英樹・宮本　徹
発行所　一般財団法人　放送大学教育振興会
　　　　〒105-0001　東京都港区虎ノ門1-14-1　郵政福祉琴平ビル
　　　　電話　03（3502）2750

市販用は放送大学教材と同じ内容です。定価はカバーに表示してあります。
落丁本・乱丁本はお取り替えいたします。

Printed in Japan　ISBN978-4-595-31515-2　C1387

『中国語Ⅰ（'14)』添付 CD

〈CD の利用について〉
・この CD は，CD プレイヤー・パソコン等でご利用ください。
・この CD を，権利者の許諾なく，個人的な範囲を超える使用目的で複製すること，ネットワーク等を通じてこの CD に収録された音を送信できる状態にすることを禁じます。

※収録されている例文は，CD の規格上の制限から，二つの「学習のポイント」を一つのトラック上にまとめて配置しています（たとえば，「ポイント」1.4 と 1.5 は同じ第 19 トラックに配置する等）。この点，ご了承ください。
※本 CD は CD テキスト表示に対応しています。テキストを表示するには，WindowsPC・Mac とも「iTunes」のインストールが必要です。「iTunes」のダウンロードは http://www.apple.com/jp/itunes/ から行ってください（無料）。

発　　　行	一般財団法人 放送大学教育振興会
企画・制作	放送大学学園
協　　　力	株式会社 NHK エデュケーショナル
出　　　演	宮本　徹
	廬　　建

　この CD は，放送大学学園の放送教材の内容をもとに編集・作成されました。